致力于中国人的教育改革与文化重建

立 品 图 书·自觉·觉他
www.tobebooks.net
出 品

《四书遇》导读

张岱讲《论语》·上

[明] 张岱 著
冯宁宁 译

中国文联出版社
http://www.clapnet.cn

图书在版编目（CIP）数据

四书遇导读. 张岱讲论语／（明）张岱著；冯宁宁译. — 北京：中国文联出版社，2019.3
ISBN 978-7-5190-4027-7

Ⅰ. ①四… Ⅱ. ①张… ②冯… Ⅲ. ①儒家②四书－研究 Ⅳ. ① B222.15

中国版本图书馆 CIP 数据核字（2019）第 013652 号

《四书遇》导读 · 张岱讲《论语》

作　　者：（明）张岱 著　冯宁宁 译	
终 审 人：奚耀华	复 审 人：胡　笋
责任编辑：蒋爱民	责任校对：青　元
封面设计：尚上文化	责任印制：陈　晨

出版发行：中国文联出版社
地　　址：北京市朝阳区农展馆南里 10 号，100125
电　　话：010-85923066（咨询）85923000（编务）85923020（邮购）
传　　真：010-85923000（总编室）010-85923020（发行部）
地　　址：http://www.claplus.cn
E - mail：clap@clapnet.cn　　　jiangam@claplus.cn

印　　刷：北京华创印务有限公司
装　　订：北京华创印务有限公司
法律顾问：北京市德鸿律师事务所王振勇律师
本书如有破损、缺页、装订错误，请与本社联系调换

开　　本：787×1092　　1/32
字　　数：500 千字　　印张：25
版　　次：2019 年 3 月第 1 版　　印次：2019 年 3 月第 1 次印刷
书　　号：ISBN 978-7-5190-4027-7
总 定 价：98.00 元（全 2 册）

版权所有　翻印必究

目 录

序 1
张岱《四书遇》自序 5

学而第一 9
    时习章 11
    务本章 14
    鲜仁章 16
    三省章 18
    千乘章 19
    弟子章 20
    易色章 21
    威重章 22
    归厚章 25
    闻政章 26
    观志章 28
    礼用章 29
    近义章 30
    好学章 33
    贫富章 35
    不患章 37

为政第二 39
    北辰章 41
    无邪章 43
    道齐章 45
    志学章 47
    无违章 49
    忧疾章 50
    能养章 52
    色难章 54
    如愚章 55
    观人章 58
    温故章 61
    不器章 63
    先行章 64
    周比章 65
    学思章 66
    异端章 67
    诲知章 69
    干禄章 70
    民服章 72
    使民章 74
    为政章 75
    辀軏章 77
    十世章 79
    谄祭章 82

八佾第三 85
　　八佾彻雍二章 87
　　无争章 89
　　礼乐章 90
　　林放章 91
　　夷狄章 93
　　泰山章 94
　　绘事章 95
　　文献章 97
　　既灌章 99
　　禘说章 100
　　如在章 102
　　媚奥章 104
　　从周章 105
　　太庙章 107
　　主皮章 108
　　饩羊章 110
　　尽礼章 112
　　君臣章 113
　　关雎章 114
　　问社章 115
　　器小章 118
　　语乐章 122
　　木铎章 124
　　韶武章 125
　　居上章 127

里仁第四 129
    里仁章 131
    约乐章 132
    好恶章 134
    志仁章 135
    欲恶章 136
    未见章 139
    观过章 140
    闻道章 141
    志道章 143
    比义章 144
    怀德章 146
    放利章 146
    礼让章 148
    立位章 149
    一贯章 150
    喻义章 154
    思齐章 155
    几谏章 156
    远游章 157
    喜惧章 158
    耻躬章 160
    以约章 161
    欲讷章 162
    有邻章 164
    君友章 165

公冶长第五 167

 公冶章 169
 子贱章 170
 瑚琏章 172
 仁佞章 174
 信斯章 175
 浮海章 178
 武伯章 179
 敦愈章 181
 昼寝章 183
 见刚章 185
 加我章 186
 性天章 188
 子路章 189
 谥文章 191
 子产章 192
 善交章 193
 居蔡章 194
 忠清章 195
 三思章 197
 宁武章 199
 狂简章 200
 夷齐章 201
 乞醋章 203
 巧令章 204
 言志章 206

自讼章 209
　　忠信章 211

雍也第六 213
　　南面章 215
　　好学章 217
　　辞与章 219
　　骍角章 221
　　三月章 222
　　从政章 224
　　费宰章 225
　　伯牛章 227
　　陋巷章 228
　　女画章 229
　　为儒章 231
　　武城章 233
　　不伐章 235
　　佞美章 236
　　由户章 237
　　文质章 238
　　生直章 238
　　知之章 241
　　中人章 242
　　樊迟章 243
　　山水章 244
　　一变章 246
　　不觚章 247

从井章	248
弗畔章	250
南子章	251
中庸章	252
施济章	253

述而第七 257

好古章	259
默识章	260
吾忧章	261
燕居章	263
吾衰章	264
志道章	266
束脩章	267
愤悱章	269
丧侧章	270
用行章	271
执鞭章	273
子慎章	274
闻韶章	275
卫君章	277
蔬水章	279
学易章	280
雅言章	282
叶公章	283
敏求章	284
不语章	286

三人章 287

桓魋章 289

无隐章 290

四教章 291

见圣章 292

钓弋章 294

知次章 296

互乡章 299

仁至章 300

知礼章 301

与歌章 303

躬行章 304

圣仁章 305

请祷章 307

奢俭章 308

坦荡章 310

温厉章 310

泰伯第八 313

三让章 315

无礼章 316

战兢章 317

笾豆章 319

吾友章 321

君子章 323

弘毅章 325

兴诗章 326

使由章 328
　　好勇章 332
　　周公章 333
　　至谷章 335
　　笃信章 336
　　在位章 338
　　师挚章 339
　　狂直章 340
　　不及章 341
　　舜禹章 342
　　则天章 343
　　才难章 344
　　无间章 347

子罕第九 351
　　罕言章 353
　　达巷章 354
　　麻冕章 355
　　绝四章 356
　　文在章 358
　　多能章 360
　　鄙夫章 362
　　凤鸟章 363
　　子见章 364
　　喟然章 365
　　为臣章 370
　　美玉章 371

居夷章 372

乐正章 374

何有章 376

川上章 377

一篑章 379

不惰章 381

惜乎章 382

秀实章 384

可畏章 385

法语章 387

志帅章 389

缊袍章 390

岁寒章 392

知者章 393

共学章 395

唐棣章 396

乡党第十 399

乡党章 401

朝与章 402

使摈章 402

公门章 404

执圭章 405

衣服章 407

明衣章 409

饮食章 410

正席章 413

乡人章……………………………………………414
问人章……………………………………………415
厩焚章……………………………………………415
君赐章……………………………………………417
朋友章……………………………………………418
寝居章……………………………………………419
升车章……………………………………………420
雌雉章……………………………………………421

先进第十一……………………………………425
先进章……………………………………………427
陈蔡章……………………………………………428
助我章……………………………………………430
孝哉章……………………………………………432
白圭章……………………………………………434
好学章……………………………………………435
请椁章……………………………………………436
丧予章……………………………………………437
子恸章……………………………………………438
厚葬章……………………………………………439
鬼神章……………………………………………441
侍侧章……………………………………………442
长府章……………………………………………444
由瑟章……………………………………………445
孰贤章……………………………………………448
吾徒章……………………………………………449
柴也章……………………………………………450

11

屡空章 452
善人章 453
论笃章 454
兼人章 455
畏匡章 456
具臣章 457
恶佞章 460
言志章 461

颜渊第十二 467

克己章 469
仲弓章 473
讱言章 475
忧惧章 476
兄弟章 477
问明章 478
兵食章 480
文质章 482
盍彻章 484
崇德章 485
齐景章 486
折狱章 488
听讼章 489
子张章 490
成美章 491
帅正章 492
患盗章 493

德风章	494
闻达章	496
舞雩章	498
仁知章	499
问友章	500
辅仁章	501

子路第十三 503

先劳章	505
有司章	506
正名章	508
农圃章	510
诵诗章	511
身正章	512
鲁卫章	513
居室章	514
适卫章	516
用我章	518
善人章	519
王者章	520
正身章	521
退朝章	522
一言章	523
叶公章	525
莒父章	527
直躬章	528
樊迟章	529

行己章 530

中行章 532

无恒章 533

和同章 534

乡人章 535

易事章 536

泰骄章 538

近仁章 538

切偲章 539

即戎章 540

教战章 541

宪问第十四 543

宪问章 545

克伐章 546

怀居章 547

危言章 548

有德章 549

南宫章 550

君子章 552

劳诲章 554

为命章 555

子产章 556

无怨章 557

公绰章 558

成人章 558

公叔章 560

武仲章 562
晋文章 563
九合章 564
一匡章 565
文子章 566
卫灵章 568
不怍章 569
请讨章 570
事君章 572
上达章 573
为己章 574
客过章 576
出位章 577
耻言章 578
自道章 578
方人章 580
患人章 581
先觉章 582
为佞章 583
称德章 584
报怨章 585
莫知章 587
伯寮章 588
避世章 590
作者章 591
石门章 591
击磬章 593

谅阴章 594
好礼章 596
修己章 597
原壤章 599
阙党章 600

卫灵公第十五 603

问陈章 605
多学章 607
知德章 608
无为章 609
问行章 611
史鱼章 612
与言章 613
成仁章 614
利器章 615
为邦章 616
远虑章 618
好德章 619
窃位章 620
躬厚章 620
如何章 621
小慧章 623
义质章 623
无能章 625
没世章 626
求己章 627

矜群章 ... 628

言举章 ... 629

一言章 ... 630

毁誉章 ... 631

阙文章 ... 633

巧言章 ... 634

好恶章 ... 635

弘道章 ... 636

改过章 ... 637

终日章 ... 637

谋道章 ... 639

知及章 ... 640

大受章 ... 642

水火章 ... 643

当仁章 ... 644

贞谅章 ... 645

事君章 ... 646

有教章 ... 647

为谋章 ... 648

辞达章 ... 648

师冕章 ... 650

季氏第十六 ... 653

季氏章 ... 655

有道章 ... 658

三桓章 ... 660

三友章 ... 661

三乐章 662

三愆章 663

三戒章 664

三畏章 664

生知章 666

九思章 667

见善章 669

千驷章 670

异闻章 672

小童章 673

阳货第十七 675

阳货章 677

性近章 678

不移章 680

武城章 681

问仁章 683

佛肸章 685

六蔽章 687

学诗章 688

伯鱼章 689

礼乐章 690

色厉章 691

乡愿章 692

道听章 693

鄙夫章 694

三疾章 696

利口章 697

无言章 698

孺悲章 700

短丧章 700

饱食章 702

尚勇章 703

有恶章 704

难养章 705

见恶章 706

微子第十八 709

三仁章 711

三黜章 712

季孟章 713

女乐章 714

楚狂章 716

耦耕章 717

丈人章 719

逸民章 720

师挚章 723

周公章 724

八士章 725

子张第十九 727

致命章 729

执德章 730

问交章 731

小道章 732

好学章 733

博学章 733

居肆章 735

必文章 737

三变章 738

劳谏章 739

大德章 740

洒扫章 741

仕学章 743

致哀章 743

吾友章 744

并仁章 745

亲丧章 746

孟庄章 747

士师章 748

纣恶章 750

见过章 751

文武章 752

宫墙章 753

日月章 754

犹天章 755

尧曰第二十 759

尧曰章 761

从政章 763

知命章 764

序

张岱(1597—1689),字宗子、石公,号陶庵、蝶庵,浙江山阴(今浙江绍兴)人。

他为人们所熟知,首先是因为他的山水美文,《西湖梦寻》《陶庵梦忆》等著,格调高古,境界夐绝,而文笔清新婉丽,时露胸次洒落气象。现代以来,周作人、施蛰存等皆对其推崇备至,黄裳则称其为"绝代的散文家"。

但张岱不只是一位"绝代的散文家",还是一位著名的史学家。他有大量的史学著作,如《古今义烈传》《史阙》《石匮书》《石匮书后集》等。尤其是《石匮书》与《石匮书后集》,其"事必求真,语必务确",以至于"五易其稿,九正其讹",为有明一代存其信实可靠之史,实与谈迁《国榷》、万斯同《明史稿》而同光于史林。然张岱又不只是一位著名的史学家,其《四书遇》之著,又使之跻身于思想家之列。

《四书遇》原为未刊抄稿本,初藏于江苏常熟周氏鸽峰草堂,浙江图书馆于1934年购得此本,将其列为甲级特藏稿本。

《四书遇》是张岱对四书的解释。书之所以名为"遇"，张岱说："盖遇之云云者，谓不于其家，不于其寓，直于途次之中邂逅遇之也。"语虽寥寥，而其用心之勤苦已然深蕴于其中。因此所谓"遇"者，正是张岱独特的经典解释方式。

在《四书遇序》中，张岱又大略说了其"遇"的基本手段："间有不能强解者，无意无义，贮之胸中。或一年，或二年，或读他书，或听人议论，或见山川云物、鸟兽虫鱼，触目惊心，忽于此书有悟，取而出之，名曰《四书遇》。"

然则所谓"遇"者，悟也，非搜求于各家注疏、牙签满屋，而悟之于山川云物、鸢飞鱼跃之当下生命，而遇之于道阻水长、流离颠沛之仓皇困顿之间者也。故《四书遇》之撰著，前后历时四十年，亦可谓倾其全付精神，而为其独与天地精神相往来之独立人格的文字见证。虽当明清易代"天崩地解"之时，作者播迁于乱离，踬蹶于道途，而犹妥为珍藏："余遭离乱两载，东奔西走，身无长物，委弃无余。独于此书，收之箧底，不遗只字。"足见张岱对这一作品的特为重视。

虽说张岱之所"遇"乃其独特心得，但并不是说他只是独运孤明。恰恰相反，《四书遇》的文献征引极为广博，据朱宏达先生统计，书中引文所涉人物有二百六十七人之多。许多不见于其他史料的人物，借《四书遇》而得以留存其思想之吉光片羽。然则《四书遇》又汇存了大量的中晚明思想史料，岂不弥足珍贵！

虽说"不读朱注"，但就《四书遇》的内容来看，张岱对朱熹的《四书章句集注》实谙熟于心，书中多明引或暗引朱熹之说，或赞同，或批判，在与朱注的对话中出以己意，自出手眼，不落窠臼。

张岱自谓"凡学问最怕拘板。必有活动自得处，方能上达"。故凡书中所论，无非其"活动自得"之处，是其独特心得。然必有博学审问，方能独得机杼；必有明辨笃行，方能独有心得；必有别出心裁，方显知识专精。

《四书遇》对于四书的解释，深受阳明心学的影响。张岱有深厚的家学渊源。其曾祖张元忭（1538—1588）为隆庆五年（1571）进士第一，从学于王阳明大弟子王畿，是"浙中王门"的重要人物之一。其祖父张汝霖（1561—1625），继承张元忭的心学取向，对张岱的思想格调与治学方法影响最巨。

张岱之基于阳明心学视域来解读四书，正与其家学渊源及其时代风气精神相接。因此《四书遇》所呈现出来的基本面貌，无论其思想意趣、解释路向，还是其语言风格、解释形式，均与朱熹的《四书集注》迥然有异。其最为突出者，是融入佛道二家之说，甚至认为"孔子、佛氏之言相为表里"。马一浮先生曾说："明人说经，大似禅家举公案，张宗子亦同此血脉。"然"卷中时有隽语，虽未必得旨，亦自可喜，胜于碎言逃难、味同嚼蜡者远矣"。

张岱博洽通才,学问淹贯,而《四书遇》内涵宏富,征引广博,解释方式灵活,可谓气象万千。书中时见珠玑,然因时代不同,阅读习惯有异,今人读来,或颇见扞格。为使《四书遇》合于今人阅读,以领会其思想,在语言形式上予以"现代转换",实为势在必行,此则本套丛书之所以著也。

《四书遇》原书不录四书原文,编著者又据《四书集注》配上原文,亦予语译。本套书编著者之一冯宁宁博士是我的学生,硕士、博士皆随我学习,在前后五年的时间里,始终表现出对于中国哲学的专业兴趣,踏实勤奋,好学深思,而又怀抱"君子三畏"之心态,治学严谨。她的主要研究领域为阳明学及阳明后学,博士论文即以《四书遇》为主要研究对象,因此,本套书的《论语》部分由她来主笔,甚为恰当。我相信,她的语译不会对张岱原文有太多偏移。

随着本书的出版,则张岱将为更多人所熟知,其独特的四书解释维度将在现代语境之下为人们带来新的心灵启迪,而为今日传统文化之繁荣更添新彩,是则可跂而望者也。

本书付梓之际,承冯宁宁之请,爰弁数语于卷端。是为序。

董平
二零一八年二月十日于浙江大学中国思想文化研究所

张岱《四书遇》自序

四书六经，自从被后人加上注解，原有的意趣就失去十之五六了，再被人加上诠释，原有的意趣就失去十之八九，几乎丧失殆尽了。所以前辈曾经说："给六经加上注解，反而不如不加。"这些经典完完整整的几句好文章，却被后人的训诂讲义弄得零散破碎，真是太可惜了！

我自幼遵从祖父的教导，读六经时从不看朱熹的注解，也不参考其他各派的注疏，以免先入为主。我只是正襟危坐，朗诵几十遍正文，对其中的意思往往就能蓦然有所领悟。间或有一些内容自己无法弄通，就把它不加理解地牢记心中。然后过个一年或两年，或者在读别的书时，或者在听别人聊天时，或者在观赏山川风物、鸟兽虫鱼时，突然间有所感触，对那些不理解的内容就会恍然大悟。

我把这些感悟整理出来，就成了这本《四书遇》。

之所以用"遇"字，就是说这些感悟不是在家里碰到的，也不是在旅舍遇到的，而是旅途中偶然邂逅的。古代有一位大书法家文与可，偶尔看到路旁两条蛇绞绕缠斗，顿时领悟到草书的窍门；"草圣"张旭欣赏公孙大娘舞剑，触发灵感而书艺大进。大概他们的心灵也是与什么相遇了吧？

古人精思静悟，对一个东西钻研日久，忽然石火电光般彻悟，洞察了其精深微妙的变化，别人根本无从知道他的想法是从何处而来。现在的读书人历经十年苦读，在风檐寸晷的科举考场上，争分夺秒地构思出八股文章。而主考官在醉生梦死之余，忽然被某一篇投合了心意，就像磁铁吸引铁块和琥珀吸引草芥一样，相悦以解，全部注意力几乎都被吸引过去。这种莫名邂逅的奥妙，真是让人无法理解。我们继续深究下去，人世间的色、声、香、味、触、法，没有一样的里头不存在可供相遇的途径，就只等着和用心深邃的明眼人邂逅相遇，成为情投意合的朋友。

我在战乱中逃离家乡，两年里东奔西走，身无长物，所有的东西都统统扔掉了，唯独把这部书稿藏在行李箱底，一页都不曾丢掉。我还记得苏东坡当年被贬官到海南岛，在渡海时遇到了飓风，所坐的船眼看就要翻了。他自言自语地说："我的

《易解》和《论语解》两本书还没有流行于世，即使遇险也一定会逢凶化吉。"后来他果然平安抵达。我的这部书稿将来能不能遇到知己，和会不会遇到盗贼水火，都同样是一个遇字啊。到底会怎样，谁能轻易说得清呢？

【原文】六经四子，自有注脚而十去其五六矣，自有诠解而去其八九矣。故先辈有言，六经有解不如无解，完完全全几句好白文，却被训诂讲章说得零星破碎，岂不重可惜哉。余幼遵大父教，不读朱注，凡看经书，未尝敢以各家注疏横据胸中，正襟危坐，朗诵白文数十余过，其意义忽然有省，间有不能强解者，无意无义，贮之胸中，或一年，或二年，或读他书，或听人议论，或见山川云物、鸟兽虫鱼，触目惊心，忽于此书有悟，取而出之，名曰《四书遇》。

盖遇之云者，谓不于其家，不于其寓，直于途次之中邂逅遇之也。古人见道旁蛇斗而悟草书，见公孙大娘舞剑器而笔法大进，盖真有以遇之也。古人精思静悟，钻研已久，而石火电光，忽然灼露，其机神摄合，政不知从何处着想也。举子十年攻苦，于风檐寸晷之中构成七艺，而主司以醉梦之余，忽然相投，如磁引铁，如珀摄芥，相悦以解，直欲以全副精神注之，其所遇之奥窍，真有不可得而自解者矣。推而究之，色声香味触发中间，无不有（编注：个别版本此处为"可"字）遇之一窍，特留以待深心明眼之人，邂逅相遇，遂成莫逆耳。

余遭乱离两载，东奔西走，身无长物，委弃无余，独于此书，收之箧底，不遗只字。曾记苏长公儋耳渡海，遇飓风，舟几覆，自谓《易解》与《论语解》未行世，虽遇险必济。然则余书之遇知己，与不遇盗贼水火，均之一遇也，遇其可易（编注：个别版本此处为"遇"字）言哉？

【学而第一】

张岱讲《论语》·学而第一

《论语》原典·时习章

子曰:"学而时习之,不亦说乎!有朋自远方来,不亦乐乎!人不知,而不愠,不亦君子乎!"

译文 孔子说:"学习的时候,经常反复多次练习,难道不会有发自内心的喜悦吗!与我志同道合的朋友从远方过来与我切磋讨论,不也很快乐吗!别人不了解我而内心毫无怒意,不就是君子的德行吗!"

♡ 张岱 张侗初 宋羽皇

朋友圈纵横谈(▣ 为原文)

张岱

> 《论语》的开篇第一章,具备了《周易·乾卦》中所提到的"三龙":"时习",对应的是"终日乾乾",即是"惕龙";"朋来",对应的是"见龙在田""德施普也",即是"见龙";"不知不愠"对应的是"不见是而无闷",即是"潜龙"。
>
> ▣《论语》首章《乾》内卦,三龙皆备。"时习","终日乾乾",惕龙也。"朋来","见龙在田","德施普也"。"不知不愠","不见是而无闷",潜龙也。

11

张侗初

世人对"学"的认识是不真切的,如果真正懂得"学"是什么,便自然会识得其中之乐趣。只有圣人才能描绘出其中乐趣之一二,这就是所谓的饮水者才知冷暖、食蜜者才知甘甜。

▮张侗初曰:世人只认学不真耳,若识得学为何事,便自然悦此际光景。独圣人能描写一二,所谓饮水知冷,食蜜知甜也。

张岱

譬如说弹琴,经常弹奏便能得心应手,其中的乐趣,自己自然能够领会。知音从远方而来,引琴而弹,指尖一拨动便心有灵犀,对着意气相投之人,难道不是最快乐的?如果是乡村野夫,对韵律如同坚硬而无知觉的木头一样毫无感受;对牛弹琴,半个音符都无法进入其内心。在这种情况下,弹奏者也心灰意冷,只能自娱自乐。

▮譬之弹琴,时时操弄,得手应心,此种意趣,悠然自领。知音远来,引商刻羽,动指会心,相对莫逆,岂非至乐!至如村夫竖子,顽木不知;痴牛相向,毫不介心。一念泠然,自舞自蹈已耳。

宋羽皇

本章说"远方",并不是用"远"来包括"近",也不是对亲近的人因太熟识而心生厌倦。圣贤们证道,哪里需要借助别人呢?一人能够印证于心,便是空掉了整个宇宙。神龙不居住在同一片水泽,麒麟、凤凰不生活在同一片土地上,所以说"远方"。

宋羽皇曰:"远方",不是举远该近,亦不是为近者耳目习孰生厌。圣贤相证,岂资徒众?一士印心,便空宇宙。神龙不共泽,麟凤不共国,故曰"远方"耳。

张岱

学问之事最怕拘束、呆板,必须灵活而自得于心,才能够最终上达于天道。曾子所说的"传不习乎",也是担忧后人有这种弊病。"习",在《周易》中仅见于《坎卦》《兑卦》两章。"坎"与"泽"都是水,所以孔子说:"水哉!水哉!"又说:"逝者如斯夫,不舍昼夜。"君子就是在这个意义上来"习"的。

凡学问最怕拘板,必有活动自得处,方能上达。曾子所谓"传不习乎"亦惧此病。"习"之独见于《坎》《兑》,《坎》与泽皆水也,故曰:"水哉!水哉!"曰:"逝者如斯夫,不舍昼夜。"君子于是取"习"焉。

张岱

"悦",是在苦心向学的过程中实现的,所以说"不亦"。

"悦",正在苦心时想见,故曰"不亦"。

《论语》原典·务本章

有子曰:"其为人也孝弟,而好犯上者,鲜矣;不好犯上,而好作乱者,未之有也。君子务本,本立而道生。孝弟也者,其为仁之本与!"

译文 有子说:"能够孝顺父母、敬爱兄长,却喜好冒犯上司,这样的人是很少的。不喜好冒犯上司,却喜好发动叛乱,这样的人就更不会有了。君子致力于根本,根本建立起来,道自然就产生了。孝顺父母,敬爱兄长,这就是实行仁道的根本吧!"

♡ 张岱　吕子巽　刘颐真

朋友圈纵横谈（ ■ 为原文）

吕子巽

这一章中所用的"本"字和"为"字非常好。除了"孝悌"，没有别的可以概括人；除了践行"孝悌"，没有别的做人的方法。领会到"本"字的内涵，则"孝悌"是可以创生天地的；领会到"为"字的内涵，则"孝悌"是可以充塞天地的。

■ 吕子巽谓：其为人章提"本"字"为"字极好。舍"孝弟"，别无人；舍为"孝弟"别无为人。会得"本"字，"孝弟"直是生天生地；会得"为"字，"孝弟"直是充天塞地。

张岱

"本立而道生"一句所说的"道生"，所产生的道不能比喻为树木的枝叶，只可以比喻为树木中汁液。只要树根不萎谢，汁液通畅而丰富，则树木自然会发芽生长；高达千寻的大树，说到底也只是由最初的一粒小小的种子长成的。如果说产生的道是枝叶，那便落于形迹上去了。

将"仁"聚焦浓缩于"孝悌"之中，就如同将树木反溯于果核的幼芽，将鸟鸣声向蛋壳之中回溯。枝叶和声音本身便已经无所不包。

📖 道生叫不得枝叶，只好譬作树中之有滋液。根本不凋，滋液畅满，自会发生；千寻之树，究竟只完得初来一点种子。若说枝叶，便在形迹上去矣。

聚"仁"于"孝弟"中，如木反蒂于核芽，鸟收声于鷇壳。枝叶声音，政自苞括不尽。

 刘颐真

只要知道果核中有一个"仁"，"仁"中有一点生机，将它埋于土中，春风吹拂时，长成树根枝干，都是自然而然的。

📖 刘颐真曰：只要了得核中一个"仁"，"仁"中有一点生意，藏之土中，春风才动，根生干长，都出自然。

《论语》原典·鲜仁章

子曰："巧言令色，鲜矣仁。"

译文　孔子说："用花言巧语和虚伪面目来谈论和表现仁，这种人内心拥有的仁其实是很少的。"

♡ 张岱

朋友圈纵横谈（为原文）

张岱

> 不说"仁鲜矣"，而说"鲜矣仁"，圣人心地慈悲善良，不肯说得决绝。
>
> 知道"刚毅木讷"接近于"仁"，就知道什么是"鲜仁"了；知道"巧言令色"是"鲜矣仁"的，那也就知道什么样的是"仁"了。"巧言"是谈论仁义的，"令色"是为了获取仁义之名的。语言不根植于心，即便是像韩愈之文、司马相如之赋那样美妙的语言，也都可称之为"巧言"；容色不出自真心，即便做出像尧舜一样的行径，也都可称之为"令色"。这其实也是在"仁"上花心思，但却只关注外在的言行。
>
> 不曰"仁鲜矣"，而曰"鲜矣仁"，圣人婆心，不肯说煞。
>
> 知刚毅木讷之近仁，则知鲜仁矣；知巧言令色之鲜仁，则知仁矣。"巧言"是谈"仁"的；"令色"是取"仁"的。言不根心，虽韩文马赋，皆谓之"巧言"；"色"不根心，虽尧行舜趋，皆谓之"令色"。其实俱在"仁"上打点，只打点在外耳。

《四书遇》导读

《论语》原典·三省章

曾子曰："吾日三省吾身：为人谋而不忠乎？与朋友交而不信乎？传不习乎？"

译文　曾子说："我每天都要反省自己三件事：为别人筹谋思考有没有竭尽所能？与志同道合的朋友交往有没有真实不虚？老师传授的课程内容有没有熟透于心？"

♡　张岱

朋友圈纵横谈（▨为原文）

张岱

"为人谋而不忠"怎么去"省"呢？曾经问过一个先辈："您自己想想您是否也有私心呢？"他回答："哪里能够无私呢！我哥哥的孩子生病了，我一夜之间起床去看了十次，回来之后仍旧安然睡觉。我自己的孩子生病了，我并没有去探视，然而却整夜不能入睡。怎么能说是无私！"这也是为人谋事的微小隐秘之证据。

曾经有位禅师（瑞严和尚）每天自问："清醒吗？"自己回答说："清醒。"这就是每日自省的意思。三个"乎"字是细问自身心灵的用词，所以说是"三省"。

宋代邢恕（字和叔）每天检视自己的行为三次。他的老师明道先生程颢说："真是可悲啊！其余的时间里你怎么做的呢？你这就是错误模仿三省之说了，可见你没有用功读书领会。"

■ "为人谋而不忠"如何"省"？尝问一先辈曰："公自想亦有私否？"答曰："那得无私！吾兄子病，一夕十起，退而安寝如故。吾子病，吾不往视，然竟夕不寐也。何谓无私！"此亦为人谋之微密证据也。

昔有禅师常日唤主人公："惺惺否？"自答曰："惺惺。"此即是日省之意。三"乎"字是细细问心之词，故曰"三省"。

邢和叔一日三检点。明道曰："可哀也哉！其余时，理会甚事？盖仿三省之说错了，可见不曾用功。"

《论语》原典·千乘章

子曰："道千乘之国，敬事而信，节用而爱人，使民以时。"

译文　孔子说："治理拥有千乘马车的国家，处理政事态度恭敬，获得人民信任，节省用度，关爱人民，按照季节时令来役使百姓。"

♡　张岱　丘毛伯

朋友圈纵横谈（▮为原文）

张岱

"信"不专指人的言语，"人"也不专指百姓。

▮"信"不专在言，"人"不专在民。

丘毛伯

凡是花销繁重的国家，就一定有繁重的赋税；有繁重的赋税，就必定有严苛的律法。一旦刑严法峻，则人民的生命便没有保障。所以爱人其实是根植于"节用"的。

▮丘毛伯曰：凡国家有重费者，必有重敛；有重敛者，必有重法。法一重，而人莫必其命矣。故爱人实根于"节用"。

《论语》原典·弟子章

子曰："弟子入则孝，出则弟，谨而信，泛爱众而亲仁。行有余力，则以学文。"

译文　孔子说："弟子应当在家孝顺父母，出门则尊敬兄长，谨慎行事，诚实可信，博爱大众，亲近有仁德的人。如此践行之后还有余力，就可以学习书本文献了。"

♡ 张岱

朋友圈纵横谈（▮为原文）

张岱

> 这一章是从"弟子"说起的，其实也是指出作为父兄的人应该做的事情。
> ▮此章以弟子起语，全是责成为父兄者。

《论语》原典·易色章

子夏曰："贤贤易色；事父母能竭其力；事君能致其身；与朋友交言而信。虽曰未学，吾必谓之学矣。"

译文 子夏说："向贤德之人学习，能够更改自己的行为；侍奉父母能够竭尽全力；侍奉君主能够委身致力；与朋友交往能够言而有信。这样的人虽然说没有学习文献，但我一定会认为他有学问。"

♡ 张岱 张恭简

朋友圈纵横谈（为原文）

张恭简

现在的人，对清廉的人也会称赞其贤能，但却不会改变自己贪图财利之心；对安恬退让的人也会称赞其贤德，但却不会改变自己争强好胜之心。由此可以知道本章中的"易"——改变自己的意思。

 张恭简云：今人贤人之廉，未尝易其好利之心；贤人之恬退，未尝易其好进之心。可想"易"字之义。

张岱

"事君"要奉献其身，然而纵然一死，难道就足够了吗？如果不"致身"，就是极度不合臣道，根据一死并不能下判断。

 "事君"言致身，纵一死，岂遽完得？若不"致身"，便是不臣之极，只缘一死判不下耳。

《论语》原典·威重章

子曰："君子不重则不威；学则不固；主忠信，无友不如己者；过则勿惮改。"

译文 孔子说:"君子(内心)不庄重,那么(外表)就不威严;所学习到的东西就不坚固;心以忠信为主;不与德行不如自己的人交友。有过错,就不要畏惧改正。"

♡ 张岱 韩求仲 柳宗元 杨复所

朋友圈纵横谈(▨ 为原文)

韩求仲

> 本章所说的"重"——庄重,是君子做学问得力的反映,并不是指个性气质。
>
> ▨ 韩求仲云:"重"是学问用力处,不以气质言。

柳子厚

> 立身的根本一旦败坏,则万事俱废,不可收拾。对"不重"应当如此看,才算是正确的理解方式。如果仅仅是在外在的威仪上说,难道世间没有表面像圣贤尧禹而行为却如夏桀、盗跖一样的人了吗!聪明的人不要被这种人给蒙蔽了。
>
> ▨ 柳子厚云:立身一败,万事瓦裂。"不重"须如此看,方有关系。若在威仪上讲,世岂无衣冠尧禹,而行同桀跖者哉!明眼人莫被此辈瞒过。

张岱

下面三句都没有说到威仪这件事情上去，可想而知"重"字的含义。"惮改"，古人将此比喻为小孩子掩护着病痛之处不让医治。

▣ 下三句都不曾说到威仪动荡上去，可想"重"字之义。"惮改"古人譬之如小儿护痛。

 ### 杨复所

"学则不固"和"则学不固"是有区别的。"重"就是"学"，没有差别，所以说"君子不重则不威"，"学则不固"。一旦不"重"就是"不威""不固"了，所以两个"则"字都在上面。现在的人解释"重"字之外，还有一个"学"字，这分明就是当成"则学不固了"，哪里算是"学则不固"的内在之义呢！

▣ 杨复所曰："学则不固"与"则学不固"有辨。盖"重"便是"学"，别无二事，故曰"君子不重则不威，""学则不固。"一不"重"就是"不威""不固"了，故二"则"字俱在上。如今人解"重"之外，还有个"学"，分明是"则学不固"了，岂"学则不固"之文脉哉！

《论语》原典·归厚章

曾子曰:"慎终追远,民德归厚矣。"

译文 曾子说:"谨慎对待丧礼,诚意追溯先人,人民的道德就能越来越醇厚。"

♡ 张岱

朋友圈纵横谈(▨为原文)

张岱

> 浮薄肤浅的人,就像流浪的人长时间离开家乡。如果遇到有人谈论故乡的景色,就会想要回家。所以说"民德归厚"。
> 丧家脸色哀戚,哭泣悲痛,来吊唁的人就大感欣慰。这正是"民德归厚"的地方。
> ▨浇薄之民,如亡子久离乡井。若遇人指点故乡景色,便想归来。故曰"民德归厚"。
> 颜色之戚,哭泣之哀,吊者大悦。政是"民德归厚"处。

《四书遇》导读

《论语》原典·闻政章

子禽问于子贡曰:"夫子至于是邦也,必闻其政,求之与,抑与之与?"子贡曰:"夫子温、良、恭、俭、让以得之。夫子之求之也,其诸异乎人之求之与?"

译文　子禽问子贡说:"夫子到达一个地方,必定能够了解到当地的政事,是他寻求而听到的,还是别人主动告诉他的呢?"子贡说:"夫子和厚、易直、庄敬、节制、谦逊的品德展露其外,自然会有人尊敬信任夫子,向夫子询问政事。夫子寻求的方式和其他人也许是不一样的吧?"

♡　张岱　吴长卿

朋友圈纵横谈(▬为原文)

张岱

"温、良、恭、俭、让",是因为孔夫子不忍心漠视那些百姓,所以在观察询问民风民俗的时候,呈现出谦虚和蔼、平易近人的容色,就像春天的阳光和煦温暖,万物都感到舒适愉快,夫子咨询考察所及,自然能够得其要领。譬如他问关于礼、官之类,都是如此。子禽之问,原本也没有确指"闻其政"是发生在君主和孔子之间或孔子一定是求君主的。子贡之答,也没有确指孔子之得一定是得之于君主的。这一点,以前始终没有讲清楚。

▊"温、良、恭、俭、让",是夫子不忍恝视斯民,故于观风问俗时,现出一片虚己近人光容,如春日和煦,万物皆怡,咨询观考到处,自然得其要领,如问礼问官之类。子禽原不指定邦君与夫子,夫子必求邦君。子贡亦不指定夫子之得,得之邦君也。从来瞆瞆。

吴长卿

把听闻称为"得",就是铁与磁石相吸一样自然,如果说"与""求",就未免显得刻舟求剑了。只有表现出他的既有意又似无意,才是高明的。

▊吴长卿云:闻曰"得",只是引铁遇磁,若"与"若"求",未免刻舟求剑。只摹写其有意无意方高。

张岱

认真读正文,就自然会明白君主是从哪里出现的。

吴国讨伐越国,摧毁了会稽城,获得了一节巨骨,专门用一辆车才拉得走它。吴国君主派使者去鲁国作亲善访问,顺便让使者向孔子询问巨骨的事情,并且说:"不要告诉孔子这是我的命令。"广泛地认识世间之物本来是圣人的闲余之事,春秋时期,大家都是把吴国当蛮夷之地来看待,但是吴国君主的好问,竟也达到了如此地步。以至于陈国出现"肃慎之矢"(肃慎氏使用的箭),楚国出现商羊(预兆要发大水的神兽)、萍实(一种吉祥植物),两国的君主都从远方派使者向孔子询问。由此,"夫子至于是邦也,必闻其政",它的原因就可想而知了。

细读白文,自明邦君从何地出现。

吴伐越,堕会稽,获骨专车。吴子使来好聘,且问之仲尼,曰:"无以吾命。"夫博物固圣人余事,春秋之吴,以夷待之,其君好问,一至于此。以至陈则肃慎之矢,楚则商羊、萍实,遣使远问。"夫子至于是邦也,必闻其政",其故可得而思之。

《论语》原典·观志章

子曰:"父在,观其志;父没,观其行。三年无改于父之道,可谓孝矣。"

译文 孔子说:"父亲在世时,观察他的志向;父亲去世之后,观察他的行动。三年没有更改父亲的行事之道,就可以叫做孝顺了。"

♡ 张岱　管登之

朋友圈纵横谈（ ▮ 为原文）

管登之

> 此章一定是孔子为某个轻易更改父辈行事之道，并且主事以夸耀自己才能的家大夫而发的。《周易·蛊卦》中说："有子，考无咎"，儿子对父亲的继承，全在于善于继承父亲之志、善于叙述父亲之事。"三年无改于父之道"，应当在"道"字和"无改"二字上理解父子一致。
>
> ▮ 管登之曰：此章必为有家之大夫轻改父道，而以干蛊矜能者发。有子、考无咎，父子相承，全在善继善述。"三年无改于父之道"，须于"道"字"无改"字讨个对同。

《论语》原典·礼用章

有子曰："礼之用，和为贵。先王之道，斯为美。小大由之。有所不行，知和而和，不以礼节之，亦不可行也。"

译文 有子说："礼仪的遵行，以从容不迫的态度最可贵。里面传承的先王道理，是礼中最美的部分，小事大事都是以它为准则。如果有行不通的地方，大概是为了达到和谐从容的姿态而流于表面的从容，不用礼的道理去节制，也是不能进行下去的。"

♡ 张岱

朋友圈纵横谈（▇ 为原文）

张岱

> 《中庸》中所说的"发而皆中节，谓之和"，是这一章的注脚疏解。"和"不在礼之外，因此说"礼之用"；"节"也不在礼之外，所以说"以礼节之"。
>
> 曾子说："人与人相处，太亲近了就会互相轻慢，太庄重了就不够亲密。因此君子对人应当亲切到足以彼此欢悦，同时庄重又能够合乎礼仪。"孔子听说曾子的话以后说："你们都知道了吧，谁说曾参不懂得礼呢！"
>
> ▇《中庸》"发而皆中节，谓之和"，是此章注疏。"和"不在礼外，故曰"礼之用"；"节"亦不在礼外，故曰"以礼节之"。
>
> 曾子曰："狎甚则相简，庄甚则不亲。是故君子之狎足以交欢；其庄足以成礼。"孔子闻其言曰："二三子识之，孰谓参也不知礼乎！"

《论语》原典·近义章

有子曰："信近于义，言可复也。恭近于礼，远耻辱也。因不失其亲，亦可宗也。"

张岱讲《论语》·学而第一

译文 有子说:"定约守信能够接近义的要求,那么言语就可以变成实践了。恭敬姿态接近于礼仪节文,那么就能够远离耻辱了。所依靠借助的都是可亲近的人,心中也就可以有主了。"

♡ 张岱　邵尧夫　顾仲朗

朋友圈纵横谈(为原文)

张岱

"义"和"礼"称"近","言"称"可复","耻辱"称"远","亲"称"不失","宗"称"亦可",用的都是语意比较平和的虚字,而没有用一个实字,由此可以了解君子一片忧虑、戒惧、谨慎之心。

"义""礼"曰"近","言"曰"可复","耻辱"曰"远","亲"曰"不失","宗"曰"亦可",未尝实下一字,总见君子一片忧危谨慎之心。

 邵尧夫

我们去行善,应该量力而行,这句话最有深意。事物超过了其本身的度,就难以为继。忠信、厚道的好名声,也不适合获取太多。并且一个人平生的勇气、血性是有限的,怎么能轻易许诺于人呢?有子这是金针度人,向逞一时血气者指出错误并传授正确方法。

> 邵尧夫曰:吾人为善,当量力而为之,此语最深。夫物过其量,不能相继。忠厚长者之名,亦不宜多取。且生平肝胆有数,岂容轻易许人。有子直为负气者下一金针。

张岱

《世说新语·贤媛篇》中记载,赵母在女儿出嫁时反复叮嘱她:"行善都不可刻意而为,更何况是作恶呢?"其实也是这个意思。

> "善不可为,何况为恶?"亦是此意。

 顾仲朗

世人都以为"复言"就是"信",所以圣贤使用"义"字来超越它。"可复"二字是和缓商量的话语,并不是说一定要"复"。

> 顾仲朗云:世人皆以"复言"为信,故圣贤以"义"字压之。"可复"字直从容商量语耳,不在必"复"也。

张岱

春秋时期的贤能之士,有很多都去别的国家依靠借助他人做事。古人尤其推重乐于助人的君子司城贞子、蘧伯玉,是其中一个例证。不过孔子并没有依靠品行低下的宠臣痈疽、瘠环接近过君主,这件事儿也还要劳烦孟子去分辨。由此可以知道当时"因"字的意思。

大丈夫只有志同道合、声气相通而相交,哪里肯依靠借助别人!"因"原本就不是交往之正道,但能够不失为可亲之人,也大概是可以依若宗主的。"亦可"二字是权且之词。

■ 春秋诸贤,多适他国依人一事。昔人尤重司城贞子、蘧伯玉,其一证也。痈疽、瘠环,犹烦孟子辨之。以此知当时"因"字之义矣。

丈夫只有声应气求。安肯因人!"因"原非交之正,但能不失其亲,亦庶乎可宗也。"亦可"字是聊且之词。

《论语》原典·好学章

子曰:"君子食无求饱,居无求安,敏于事而慎于言,就有道而正焉,可谓好学也已。"

译文　孔子说:"君子对于日常饮食不求一定能够吃饱,居住环境不求一定能够安逸,做事敏捷迅速,言语谨慎小心,向有道之人接近来端正自己的行为。可以称作好学了。"

♡　张岱　李卓吾　杨复所

朋友圈纵横谈(▇ 为原文)

李卓吾

这是训诫君子应当如此做,而不是赞美君子如此做过。如果按照赞美君子的意思来理解,对末句的理解便会有障碍。

▇ 李卓吾曰:此是训君子如此,不是赞君子如此。若赞君子看,末句血脉便碍。

杨复所

事情与行为是不同的。说"事",就是确实有件事情在那里,如同农夫耕田、妇女织布,不是空泛而谈。

▇ 杨复所曰:事与行不同。说"事",则真有一事在,如农之耕,女之织,非漫言也。

张岱

> 试着思考一下我们所学习的，究竟是什么"事"呢？若弄懂了此"事"，那么即便想要不"敏"，也是不可能的；即便想要不"无求饱"，不"无求安"，不"慎言"，不"就正"，也是不可能的。
>
> 📖 试思吾辈所学，果有何"事"？识得此"事"，即欲不"敏"，亦不能也；即欲不"无求饱"，不"无求安"，不"慎言"，不"就正"，亦不能也。

《论语》原典·贫富章

子贡曰："贫而无谄，富而无骄，何如？"子曰："可也，未若贫而乐，富而好礼者也。"子贡曰："《诗》云：'如切如磋，如琢如磨。'其斯之谓与？"子曰："赐也，始可与言《诗》已矣，告诸往而知来者。"

译文　子贡说："贫穷却不谄媚，富有却不骄横，这种人怎么样？"孔子说："可以。不过不如贫穷时也能自得其乐，富有时也崇尚礼节的人啊！"子贡说："《诗经》说：'如同磨合骨头棱角一样先切后磋，如同雕琢玉石一样先琢后磨'，是这个意思吗？"孔子说："（端木）赐啊，可以开始和你讲《诗经》了！告诉你前人已经说过的话，你可以知晓他尚未表达的意思。"

♡ 张岱

朋友圈纵横谈（▇为原文）

张岱

　　曾经说"志学"一章，并非夫子能精进，而是夫子能够舍弃。学问时时精进，便时时舍弃。得法于天龙禅师的俱胝和尚挥刀截断了侍者一根手指，痛处即成为侍者的顿悟之处。佛门禅学的要旨在于扫除，儒门圣学的要旨在于脱落，其关键处都是相通的。@明道先生说："学者没有什么需要增加的，只有要减除的，减除殆尽便无事了。"切磋琢磨，都是减法。@茅鹿门说：从"无谄"到达"乐"，"无骄"到达"好礼"，中间相差不知多少个层次！不知要费多少切磋琢磨功夫才能到达！子贡所说"如切"一段，正是对前面两句话的体会品味。不是在说《诗经》，却可以和他谈论《诗经》。

　　"其斯"是指孔子所说的话深一步又更深一步。上文中的"未若"，下文中的"往""来"都是这个意思。

　　▇尝言志学章，非夫子能进，乃夫子能舍。学问时时进，便时时舍。天龙截却一指，痛处即是悟处。禅学在扫，圣学在脱，总一机锋。明道云："学者无可添，惟有可减，减尽便无事。"切磋琢磨，俱是减法。茅鹿门云：无谄而至于乐，无骄而至于好礼，其中多少层级！不知费多少切磋，多少琢磨!子贡"如切"一节,正为上两语体味一番。全不言《诗》,故可与言《诗》。

"其斯"指夫子所言进一步又有一步也。上文之"未若",下文之"往""来"皆此意。

《论语》原典·不愠章

子曰:"不患人之不己知,患不知人也。"

译文　孔子说:不担心他人对自己不了解,担心不了解他人。

♡ 张岱

朋友圈纵横谈(为原文)

张岱

　　镜子不能照出物体,是因为镜子本身昏暗不明,所以说"患"。如果自己真是一块像秦镜那样能够照出肝胆的明亮镜子,也不愁别人看不见。子贡曾经问孔子:"现在的大臣有谁是贤能的呢?"孔子回答:"我不知道。以前齐国有鲍叔、郑国有子皮,算是贤臣。"子贡说:"难道齐国的管仲、郑国的子产不算吗?"孔子回答:"端木赐啊,你认为尽心尽力称得上贤能呢，还是能够举荐贤能者才称得上贤能呢？"子贡说："确实是举荐贤能者才称得上贤能！"孔子说："对。我听说鲍叔举荐了管仲，子皮举荐了子产，但是却没听说管仲、子产二人举荐过比自己更贤能的人。"

　　镜子不能照物，是镜体昏，故"患"。若果是秦铜照胆，亦不愁人不知。子贡问于孔子曰："今之人臣孰为贤？"子曰："吾未识也。往者齐有鲍叔，郑有子皮，则贤者矣。"子贡曰："齐无管仲，郑无子产乎？"子曰："赐！尔闻用力为贤乎？进贤为贤乎？"子贡曰："进贤，贤哉！"子曰："然。吾闻鲍叔进管仲，子皮进子产，未闻二子之进贤己之才者也。"

【为政第二】

《论语》原典·北辰章

子曰:"为政以德,譬如北辰,居其所而众星共之。"

译文　孔子说:"以德行来治理政治,就好比北极星,保持不动,而众星四面旋绕并归向它。"

♡　张岱　王弇州

朋友圈纵横谈(▬为原文)

张岱

　　乱世的法度,全然没有一个根本性的指向,到这里(指为政以德)才能够从无到有,达到教化百姓的目的。这也就是荀子所说的"诚心守仁""诚心守义"的意思。后面两句说众星拱月,是紧紧围绕在"德"上,如果当作是在讨论天文现象,那便是因小失大了。郭象注解《庄子》说:"要想行动而有所作为,就不能自处于一切事物之上。"所以孔夫子说"为政以德"、说"无为而治"、说"笃恭而天下平"。要想像舜帝一样举贤任能、除暴安良、封禅大山、疏通河道,事事都有所作为,倒是应该有一个寂然不动之处。这就是帝王之道。

　　"众星拱月"也不是用来比喻人民归附的。只是因为"德"是共通的,"以德"的人,是合乎其自身的本来状态的。星星哪里是刻意去拱卫北极星呢?

▮ 末世令行禁止,全没个本领去处销归,到此才能出无入有,相视而化。荀子所谓"诚心守仁","诚心行义"也。末二句政鞭紧德上,若认作天文训,便顾子失母矣。郭象注《庄子》曰"动而为之,则不能居万物之上。"故夫子曰"为政以德。"曰"无为而治。"曰"笃恭而天下平。"要想举八元,诛四凶,封山浚川,事事勤劳,却有个寂然不动处。是为帝道。

"星拱"亦不謦民归。只是德本同然,"以德"者,合其本位耳。星何尝设意拱辰?

 王弇州

北极星应该是天的最高处了吧!运动的东西变化多端但却听从于静止的东西,静止的东西非常精微但却能制约运动的东西,其中的道理非常高深啊!如果一个人自己纷纷乱乱不安宁,却反过来寻求"极","极"怎么会在呢!

▮ 王弇州曰:北极其天之极乎!动处至神而听于静,静处至微而能制动,亦渊矣。夫人曰胶胶乎,扰扰乎,反而求之,而"极"安在哉!

《论语》原典·无邪章

子曰:"《诗》三百,一言以蔽之,曰:'思无邪'。"

译文 孔子说:"《诗经》三百首,用一句话概括,是:'思想真诚纯正'。"

♡ 张岱　王弇州

朋友圈纵横谈(▅为原文)

张岱

@苏轼在《心经藏记》中说:"听孔子说《诗经》三百篇怎么怎么样,有所思虑,都是邪念……没有思虑,那就像枯木顽石一样了。怎么做才能够有所思虑而没有邪念、无所思虑同时又不像枯木顽石呢?"

庄子说:"天地吐气,就被称为风。"韩愈说:"各种事物不平静的时候都会发出声音。"诗歌的作用,就是宣泄人心中的郁结、疏导人心中的滞塞,是节制表达人的情感的最重要渠道。人的情感就像水一样,如果不进行疏导就会包围山岳、漫过丘陵,没有不淹的地方。"思无邪"的,只有《诗经》三百篇,所以说"思虑而没有邪念",感动启发或者训诫警示并不是它最主要的目的。

▇ 苏长公《心经藏记》云:"闻之孔子,《诗》三百云云,夫有思,皆邪也……无思,则土木也。云何能使有思而无邪,无思而非土木乎?"

庄子曰:"大块噫气,其名为风。"韩子曰:"物不得其平则鸣。"诗歌之道,宣郁导滞,是节宣人情第一事。盖人情若水,无所以疏瀹之则怀山襄陵,无所不至。"思无邪"者,惟《诗》三百,故"思无邪"也。感发惩创犹落一层事。

王弇州

《诗经》中存在描写男女私奔的篇章,不是后生小辈们应该知道的,想来可能不是它的旧文。表示惩戒的任务很艰巨,所以孔子特别指出"无邪"来警醒世人,也是用来自我提醒。

▇ 王弇州曰:诗之存淫奔也,非小子所敢知,意非其旧也。示戒惩而道欲重,夫子特揭"无邪"之言救世也,亦自救也。

张岱

用一句话来概括《诗经》三百篇,是为了让人慎重思考。@程颐说:"'思无邪'就是诚的意思。"又说:"睿智的人懂得精微的道理,在反思之中达到真诚。"内心忠诚，并体现于外在的容貌、行为之中。比如说《墙茨》《鹑奔》这两首诗，范氏认为："卫国的诗歌这个样子就说明它的人道已经消失殆尽、天理毁灭。它虽然处于中原，却已经和未开化的夷狄一样了，国人的行为已经和禽兽一样了，所以国家也就随即灭亡了。"杨氏说："《诗经》中记载这两篇，是为了让大家明白卫国被北狄所灭，都是因为起于一点儿邪念，以至于身死国破，能不谨慎吗！"

▋以一言蔽三百，只是要人慎思。程子曰："'思无邪'者，诚也。"又曰："哲人知几，诚之于思。"诚于中，形于外。如《墙茨》《鹑奔》之诗，范氏所云："卫诗至此而人道尽，天理灭。中国无以异于夷狄，人类无以异于禽兽，而国随以亡。"杨氏谓："诗载此篇，以见卫为狄所灭之因也。总起于一点邪思，以至于丧身亡国，可不慎哉！"

《论语》原典·道齐章

子曰："道之以政，齐之以刑，民免而无耻；道之以德，齐之以礼，有耻且格。"

译文　孔子说："用法制禁令来引导人民，用刑法来统一约束民众,人民就会(虽然不作恶)只是避免惩罚而毫无羞耻之心。用道德来引导人民,用礼制来管理统一民众,人民就会耻于不善而将善事做到极致。"

♡ 张岱

朋友圈纵横谈(![]为原文)

张岱

> 孔子到了卫国,卫国的将军文子问孔子如何处理讼狱事务。孔子回答:"如果通过礼来治理百姓,用驾车来比喻的话,礼就是缰绳;如果用刑来管理百姓,用驾车比喻的话,刑就是鞭子。人握着缰绳则马自然会走,这是好的驾车方法,没有缰绳而只用鞭子,那么马就会偏离道路。"
>
> "道之以政"和"道之以德"是分开说的。前面"为政以德"是合在一起说的。
>
> ![] 孔子适卫,卫将军文子问听狱。孔子曰:"以礼齐民,譬之于御,则辔也;以形齐民,譬之以御,则鞭也。执辔于此而动于彼,御之良也,无辔而用策,则马失道矣。"
>
> "道之以政","道之以德"是分说。"为政以德"是合说。

《论语》原典·志学章

子曰:"吾十有五而志于学,三十而立,四十而不惑,五十而知天命,六十而耳顺,七十而从心所欲不逾矩。"

译文 孔子说:"我十五岁而立志学习大学之道;三十岁能够坚定自立;四十岁能够没有困惑;五十岁能够知晓天道流行的事理;六十岁能够顺乎周遭,无所违逆;七十岁能够跟随自己的内心所想行动,却不超过道理法度之外。"

♡ 张岱 杨复所

朋友圈纵横谈(为原文)

张岱

立志为学,是一颗种子。种下真正的种子,那么根苗花果每天都会生长更新。人心都是如此,更何况是圣人向为学的人指出新的境界。本章并不是孔夫子自己叙述自己的年谱。

"不惑"等修养功夫,圣人在志学之后十五年便已经着手去做了,但是要真正达到,还是有一定的先后顺序的,就是所谓的要逐个境界地去证悟,而不是逐个阶段地去做功夫。

▇ 志学,是种子也。下得真种子,根苗花果日生日新。人心尽然,何况圣人向学人指点新新光景。初非自叙年谱也。

"不惑"等功夫,圣人于志学以后十五年,便已入手。但得手处,自有次第耳,所谓逐节证,非逐节修也。

杨复所

"耳顺"就如同自己家里的人说家常话,提到的东西都是非常详细熟识的,没有不知道的,丝毫没有阻碍,丝毫没有异议之处。这是什么样的地步,什么样的景象,容易到达吗?就算到了知天命的阶段,还会觉得有些道理有新奇和可喜的地方的。到了耳顺这个境界,天命也成了人事,何其平常。圣人的经历,从他自己口中说出,就好像是在回忆和梦境中所见到的,又好像是在追述以前所认识到的东西,有一种自我吟唱自我欣赏,无法用语言描述的奇妙之处。

杨复所曰:"耳顺"如自家家里人说家里话,提起便详详悉悉,无不知者,毫无隔碍,毫无思议。这是何等地位,何等光景,可易到乎?即知天命,犹觉说道理还有新奇可喜之意在。到此,天命亦为人事矣。直恁平常。圣人履历,从圣人口中吐出,如忆梦中所见,如追旧时所识,有一种自吟自赏,不可名言妙处。

王龙溪

"耳顺"是"六经"(《诗》《书》《礼》《易》《乐》《春秋》)之中没有提到的词语。眼睛有睁有闭,嘴巴有吐有进,鼻子有呼有吸,只有耳朵是没有出入的,佛教将之称为"圆通";"顺"和逆是相反的,也没有好坏美丑的选择。用来解释这句话是非常透彻的。

舜是有"达聪"的境界,孔子则有"耳顺"的境界。

▌王龙溪曰:"耳顺"乃"六经"中未道之语。目有开闭,口有吐纳,鼻有呼吸,惟耳无出入,佛家谓之圆通;"顺"与逆对,更无好丑拣择矣。解之极彻。

舜"达聪",夫子"耳顺"。

《论语》原典·无违章

孟懿子问孝。子曰:"无违。"樊迟御,子告之曰:"孟孙问孝于我,我对曰'无违'。"樊迟曰:"何谓也?"子曰:"生,事之以礼;死,葬之以礼,祭之以礼。"

译文 孟懿子询问孝道,孔子说:"不要违逆父母。"樊迟为孔子驾车,孔子告诉樊迟说:"孟孙向我询问孝道,我回答说'不要违逆父母'。"樊迟说:"这话怎么说?"孔子说:"父母尚在人世,就应当用礼侍奉;父母去世后,就应当用礼去埋葬,用礼去祭祀。"

♡ 张岱

朋友圈纵横谈(▬ 为原文)

张岱

> 孟僖子快要去世时,留下遗命让自己的儿子孟懿子跟孔子学习礼。所以当孟懿子问什么是孝时,孔子告诉他"无违",意思是让他不要违背父亲的遗命。下文中提到的"以礼"正是"无违"的实际内容。后面三句应该是侧重在葬礼和祭祀上。孟僖子已经去世了,希望孟懿子能够像他生前那样以礼对待他。
>
> ▬ 孟僖子将卒,遗命懿子学礼于夫子。于其问孝,而告之以"无违"。意谓"无违"父命耳。下文"以礼"正"无违"之实。后三句当趋重葬祭上。孟僖子既殁,欲其事死如生耳。

《论语》原典·忧疾章

孟武伯问孝。子曰:"父母惟其疾之忧。"

译文 孟武伯询问孝道。孔子说:"让父母只忧虑你的身体疾病,而不要让他们为你的节操忧虑。"

♡ 张岱

朋友圈纵横谈(▓为原文)

张岱

> 谚语说:"人只有生养了子女,才能真正懂得父母的恩情。"只是说起父母爱子之心,无论是孝子和逆子都会汗流浃背。人们在紧急的情况下都会呼天喊地,而病痛时候则会呼喊父母,这正是自己的心与父母之心的相通之处。
>
> 孔子回答孟懿子问孝,告诉他遵守礼法为孝;回答孟武伯问孝,则告诉他保持德行节操为孝。
>
> ▓ 谚曰:"养子方知父母恩。"只说父母之心,孝子逆子都通身汗下。凡人急则呼天,疾痛则呼父母,政与亲心相照处。
>
> 答孟懿子,以守礼为孝。答孟武伯,以守身为孝。

《论语》原典·能养章

子游问孝。子曰:"今之孝者,是谓能养,至于犬马皆能有养。不敬,何以别乎?"

译文 子游询问孝道。孔子说:"现在的人们所谈论的孝道,认为是能够奉养就算是尽孝,甚至连父母的狗和马也都饲养着。如果内心没有对父母的尊敬,怎么区别奉养与饲养的不同呢?"

♡ 张岱 杨复所

朋友圈纵横谈(▨为原文)

杨复所

"敬"就是"孝",二者是同一个意思。指出一个"敬"字,"孝"的精神就全部体现出来了。@贾谊《新书》中说:"借给父亲锄头之类的农具时,他面露忧虑之色;母亲来取瓢、碗、扫帚等日常用具时,他想起那些训斥的语言。抱着喂孩子的时候,和父亲平起平坐;妻子和母亲闹不愉快,便撇嘴斜眼。这种人对孩子慈爱、贪图利益而轻视简慢自己的父母,是没有伦理的,而伦理恰恰是人与禽兽仅有的不同之处。"

▨ 杨复所曰:"敬"便是"孝",绝无两层。

拈出"敬"字,"孝"之精神全体现矣。贾子《新书》曰:"假父耰锄杖彗耳,虑有德色;母取瓢碗箕帚,虑立讯语。抱哺其子,与公并踞;妇母不相悦,则反唇而睨。其慈子嗜利而轻简父母也,念罪非有伦理也,亦不同禽兽仅焉耳。"

张岱

孔子谈论孝,哪里有将父母和犬马相比较的道理呢?按照《礼记·内则》中曾子所说:"所以父母喜欢的东西也要喜欢,父母所尊敬的也要去尊敬。哪怕是狗和马也是如此,更何况是人呢!"所以这里提到的"犬马",是指父母的"犬马"。是说孝顺的人自己说能够奉养父母,哪怕是父母的狗和马,也能够饲养。但是不敬重,怎么去区别奉养父母的心呢?历来解释者都没有考察清楚,所以造成了这千百年来一直流传的错误。

　　孔子论孝,岂有以父母与犬马相比之理!按《内则》曾子曰:"是故父母之所爱亦爱之,父母之所敬亦敬之。至于犬马尽然,而况于人乎!"则犬马者,是父母之犬马。言孝者自谓能养,至于父母之犬马,皆能有以养之。但不敬,则何以自别其养父母之心乎?释者不考,遂成千古之误。

《论语》原典·色难章

子夏问孝。子曰:"色难。有事,弟子服其劳;有酒食,先生馔。曾是以为孝乎?"

译文　子夏询问孝道。孔子说:"难在相处时的容色上。遇到事情,由年幼者操劳,有酒菜饭食,让年长者先食用。这就是孝道了吗?"

♡ 张岱

朋友圈纵横谈(▆ 为原文)

张岱

"色难"是修养心志中看不见的东西,"服劳盛馔"是奉养父母生活的实际事务。

《礼记》说:"庄重而有威严,是自身修养成君子的方式,而不是侍奉父母的方式。"庄重严肃尚且不可,更何况是粗暴残忍呢!由此可知其中的不易。

孔子回答子游,特别强调一个"敬"字;回答子夏,委婉隐晦地告诉他一个"爱"字。子游和子夏都是文学方面的贤者,他们在侍奉父母时外在的礼仪肯定是不缺的,因此孔夫子特别担心他们缺少"爱""敬"之真情、真心。

"色难"是养志的虚神,"服劳盛馔"是养口体的实事。

《记》曰:"严威俨恪,成人之道也,非所以事亲也。"严恪且不可,况暴戾乎!可以知其难矣。

告子游,甚言一个"敬"字。告子夏,隐言一个"爱"字。夫二子乃文学之贤,其于外面事亲的仪文决不缺,特惧其少"爱""敬"之真耳。

《论语》原典·如愚章

子曰:"吾与回言终日,不违,如愚。退而省其私,亦足以发,回也不愚。"

译文　孔子说:"我对颜回讲学一整天,他都没有任何疑问,看起来好似愚钝。等他退下,我省察他的私底下的言行,却也能够发挥运用我所说过的道理,所以颜回并不是愚钝的。"

♡　张岱

朋友圈纵横谈（■为原文）

张岱

坐在同一个课堂的座位上，有独自的见解，这就是这里所讲的"私"。"发"是从内心中生发出来，就像春天的太阳照耀，草木萌动一样自然。若是已经抽出新芽长出枝干，哪里还需要"省"呢？但凡提到"省"的意思，都是向内心深处说的。

颜回和孔子敏锐的思维是相互呼应的，相互投契，每句话都能够融会贯通，就像雪贴在烧红的炉子上一样。如果没有消化融合，一句话就只是一句话，哪里能够感发得出来呢？就像人吃东西一样，如果没有消化，只是堆积在肚子里，哪里能够滋养补益身体呢？

■ 同堂共席，有独见独闻在焉，这便是"私"。"发"从腔子中来，如春阳回，草木动。若到抽芽挺干，何待"省"也。凡"省"之义，都向里面说。

颜子与圣人机锋相对，针芥相投，语语消融，如红炉贴雪。若不消融，一句只是一句，如何发得出来？如人吃物，若不消化，只生在肚里，如何滋益肌肤？

张岱讲《论语》·为政第二

张岱

　　孔子称赞颜回，跟《复》卦是一样的。"如愚"，就是《复》卦中"休复"的"下仁"；"休"，就是意见和锋芒都一起消除掉。"足发"，就是《复》卦中"敦复"的"自考"；"敦"，有真实而充满光辉的意思。"不违"的时候，没有一种意见不消除；"足发"的时候，没有一句话不精彩。

　　■ 圣人赞颜子，只一《复》卦。"如愚"，是"休复"之"下仁"；"休"者，意见锋芒一齐休却。"足发"，是"敦复"之"自考"；"敦"有笃实光辉意。"不违"时，无一语不消落；"足发"时，无一语不精采。

邹峄山

　　"发"就如同草木的生机，说它不是造化的力量，是不行的；说它全是出自于造化，也是不行的。

　　■ 邹峄山云："发"如草木生意，谓之非造化之力，不可；谓之尽出于造化，亦不可。

尤西川

> 孔门其他弟子都是模仿孔子,而颜渊则是修学自己,两种方法都是好的。
>
> 🔲 尤西川曰:诸子是摹仿孔子,颜子是学自家,都好。

张岱

> 孔子称赞颜回,就像父亲称赞儿子一样,都是用不完满的词句,来包含无穷的爱。这一章说"如愚""亦足""不愚",哪里说得绝对了?哪里将情感完全表达了?但是细细品味其一再贬损又一再赞扬,好像是有不能完全用语言形容出来的意味在其中。"
>
> 🔲 夫子赞回,如父之赞子,俱以不足之词,寓无穷之爱。此章曰"如愚",曰"亦足",曰"不愚",何尝满口?何尝尽情?但味其再抑再扬,若有不能尽其形容者。

《论语》原典·观人章

子曰:"视其所以,观其所由,察其所安。人焉廋哉?人焉廋哉?"

译文 孔子说："检视一个人的行为，观察他行为的缘由，探究他心中安乐之处。他还能隐藏什么呢？他还能隐藏什么呢？"

♡ 张岱

朋友圈纵横谈（▇ 为原文）

张岱

> 人们不安于旅居而安于居家，圣人不过是指导点拨大家认得自己的家而已。"察其所安"，与考察人事有什么关系呢？
>
> 观察别人行事的方式和行为的意态，即是着眼于观察其行事动机。观察他的行为方式则能够辨明正邪，观察他做事情时的心理状态则能够辨明真假。这种方法不仅可以用在了解他人之上，也可以用来考察自己。
>
> "以""由""安"是一件完整的事情，而不是三件事情。一件事情之间，在一人的身上，同时都具备。
>
> 谢安看到谢玄摆放木屐得当，就知道他能够打败前秦苻坚的百万雄兵。这是"以""由""安"都同时存在，而不是三件事情分开。
>
> ▇ 人不安于侨而安于家，圣人不过指点人认得

自家耳。"察其所安",何与考较人事?

观由,察安,即在视以处着眼。观由而邪正分,察安而真伪分。此法非止以知人,亦可以自考。

"以""由""安"是囫囵一件,非三件;一事之间,一人之身,同时俱具。

谢东山见阿玄置一屐得当,知其能退苻秦百万之众。此是"以""由""安"一时俱到,不是三件分开。

张岱

匡章得罪了父亲,不是因为别的,而是因为"责善"——劝勉父亲从善,难道没有"观其所由"吗?"责善",就不免有损于恩情以至于休掉妻子赶走儿子,他内心的不安是可想而知的,难道没有"察其所安"吗?其他的像管仲年轻时曾经三次临阵脱逃,毛义为了奉养母亲而在接到委任通知时喜形于色,徐庶为了保护母亲而任职于曹魏,狄仁杰为恢复李唐而屈从于武则天,都有应该检视查考的心迹,不能草率地忽略。

▋ 匡章得罪于父,所为非矣,而由于"责善",将无观乎?"责善"不免贼恩而出妻屏子,其心之不安可原也,将无察乎?他若管仲三北,毛义色喜,徐庶事魏,狄仁杰从周,皆有当观当察之心迹,不得草草略过。

《论语》原典·温故章

子曰:"温故而知新,可以为师矣。"

译文　孔子说:"温习过去学到的知识而能够有新的领悟,这样,就可以成为他人的老师了。"

♡　张岱　邓定宇

朋友圈纵横谈(▬为原文)

邓定宇

做学问必须要打破现成的规矩,就像医生治病时开具处方,打仗时运用兵法一样,不能够依靠别人。必须要能够在旧的书籍中体悟出新的见解来,才能够成为人师。

▬邓定宇云:为学须翻窠倒臼,如医之用方,兵之用法,依傍人不得。必须从旧纸堆中翻出新意见来,方可以为人师。

张岱

　　为人之师，并不是要教育别人，这也是孟子所说的"子归而求之，有余师（你回去自己寻找就会有很多老师）"的一个例子。

📖 为人师，非教人也，即"子归而求之有余师"字一例。

 李卓吾

　　打井而没有打到有地下水的深度，可以称它为井吗？钟不能发出声响，能称它为钟吗？一个人拥有记忆背诵的学问，并不足以成为人师，因为他说着别人说过的话，自己没有什么心得。就像谚语所说的那样"读书一辈子，却经不住别人一句提问"。这也就跟没打到水的井和没有声音的钟是一样的吧！

📖 李卓吾曰：井不及泉，谓之井可乎？钟不能声，谓之钟可乎？若记问之学，不足为人师者，以其言人之言，无所得于心也。谚曰"读书至老，一问便倒"。其亦所谓井不泉而钟不声者与！

《论语》原典·不器章

子曰:"君子不器。"

译文　孔子说:"君子不像只有固定功用的器物一般。"

♡　张岱　董思白

朋友圈纵横谈(▇为原文)

董思白

世人大多认为"不器"就是无所不能,却不知道君子恰恰不以才能多为贵。因为没有一种才能可以指称君子,所以才不能用"器"为他命名。

▇ 董思白曰:世人多以不器为无所不能,不知君子政不贵多能。惟其无能可名,故不可以器名。

张岱

老子说:质朴的道分散为天下万物,圣人沿用本真之道,就可以为成为百官之长,因此完善的规制是不可割裂的。

▇ 老子曰:朴散则为器,圣人用之,则为官长,故大制不割。

63

《论语》原典·先行章

子贡问君子。子曰:"先行其言而后从之。"

译文　子贡询问怎样是一个君子。孔子说:"先用行动来践行他想要说的话,然后再遵循它行事。"

♡ 张岱

朋友圈纵横谈(▎为原文)

张岱

　　世间有许多可以说却不可以行的事情。先把自己想说的东西,落实到自身行动上来,确认是非常可行的,然后再遵循它行事,这就是切身实践的君子。本文只是说"从之",不是说要接着将自己的做法说出来。

▎世间尽有说得行不得之事。先把己所欲言者,措之躬行,必大通无碍,然后从之,是之谓躬行君子。本文只说"从之",并不曾说到从而言之也。

张岱讲《论语》·为政第二

《论语》原典·周比章

子曰:"君子周而不比,小人比而不周。"

译文　孔子说:"君子一视同仁,绝不偏私;小人公私不分,拉帮结派。"

♡ 张岱

朋友圈纵横谈(▮为原文)

张岱

"周"和"比"的区别不在于人的数量的多少,而在于出于公心还是私心。内心大公无私,哪怕只有一个人相信也算是"周";内心为私,哪怕到处都有朋友也算是"比"。以普遍地爱护众人还是只亲近一人来区分"周"和"比",是错误的。

志向、性格是"周"的内核;拉帮结派是"比"的本质。

"小人"和"君子"之间的差别是非常细微的,不是牛僧孺、王安石这一类的,而是乡愿和中行这样的差别。这是从源头之处对君子和小人的区分找出根据。

▮ "周"与"比"不在量之广狭,而在情

之公私。情公,即一人相信亦"周";情私,即到处倾盖亦"比"。以普爱众人,专昵一人,分"周""比"者误。

声气是"周"的血脉;朋党是"比"的精神。

"小人"与"君子"争差毫厘,不是牛僧孺、王安石一流,乡原、中行便是榜样,此直从源头上理出线索。

《论语》原典·学思章

子曰:"学而不思则罔,思而不学则殆。"

译文 孔子说:"仅对外学习却不向内思考就会感到迷茫,仅向内思考却不对外学习就会有危害。"

♡ 张岱

朋友圈纵横谈(▇为原文)

张岱

只有听到或看到的知识而没有智慧,就如同人处在日、月、星的光照之下自己却没有眼睛,什么东西都看不到,最终也还是一片漆黑而已。有智慧却没有学习知识,就如同眼睛明亮的人在无边黑暗行走，一抬脚就可能掉进山谷沟壑，怎么能不惶惶不安呢？领会到了"思"和"学"是同一件事情，"罔"和"殆"便会一扫而尽了，就不会成为这两种人的阻碍了。

一屋子零散的铜钱，却没有绳子将它们串起来；只有一根孤零零的绳子，却没有钱可以串。都是没有什么用的。

▎有闻见而无智慧，如人在三光之下而自家无眼，不见一物，终冥然而已。有智慧而无闻见，如明眼人在大暗中举足坑堑，岂不跪跪！会得"思""学"是一非两，"罔""殆"便一时扫去，不为两种人设法也。

一屋子散钱，无索子串起；一条寡索子，无钱可串。皆济不得事。

《论语》原典 · 异端章

子曰："攻乎异端，斯害也已。"

译文　孔子说："专门从事研究不是圣人之道的异端，那危害就严重了。"

♡　张岱　陆象山

朋友圈纵横谈（▇为原文）

 陆象山

孔子生活的时代，佛教尚未传入中国，虽然有老子，但是当时他的学说并没有盛行，到底"异端"是指谁呢？其实"异"与"同"是相对的，虽然都是学习尧舜之道，但出发点与尧舜稍有不同就是"异端"，哪里只限于佛学和道家呢？有人问：怎么样才算是"异"呢？答案是：你先领会到"同"的一面，然后就会知道与它不同的都是"异端"。

▇ 陆象山云：孔子时佛教未入中国，虽有老子，其说未著，却指那个为"异端"？盖"异"与"同"对，虽同学尧舜，而所学之端绪，与尧舜稍不同，便是"异端"。何止佛老哉！或问：如何是"异"？曰：子先理会得"同"的一端，则凡异此者，皆为"异端"。

张岱

孔子能够预测到自己死后会出现倒置其衣裳的秦始皇，怎么会预知不到数代之后会出现杨朱、墨子、佛家、道家会与自己相争呢？"异端"不必刻意去歪曲解释。

▇ 孔林预知有颠倒衣裳之秦始皇，岂不知数世之后，有杨墨佛老来与吾夫子斗法乎？"异端"不必曲解。

张岱讲《论语》• 为政第二

《论语》原典 • 诲知章

子曰:"由!诲女,知之乎!知之为知之,不知为不知,是知也。"

译文　孔子说:"仲由,我教你如何是知道吧!知道就是知道,不知道就是不知道,这就是智慧。"

♡　张岱

朋友圈纵横谈(▮为原文)

张岱

"知之为知之,不知为不知"之"知"是一直明白、永远存在的。佛教称它为"孤明",我们儒者称它为"独体"。它是不依赖于见闻也不需要借助思维而独立存在的。它可以让人即刻做出判断,无需反复思考,所以说"是知"。

▮ "知之为知之,不知为不知",息息不昧,千古长存。禅家谓之孤明,吾儒指为独体。既不倚靠闻见,亦不假借思维。当下即照,更无转念,故曰"是知"。

张岱

> 《论语》中的"之""斯""是"等字，最应当引起思考，譬如说"是知也""是丘也"这两句话，都是急切认定的意思。一方面是因为不可以埋没了这当下的灵光闪现；另一方面是不可以错认了当前的这个真正面目。
>
> 📖 《论语》中"之"字、"斯"字、"是"字，最当着眼，如"是知也"，"是丘也"，俱急切指认。一是不可当下埋没了这点真灵明；一是不可当前蹉过了这个真面目。

《论语》原典·干禄章

子张学干禄。子曰："多闻阙疑，慎言其余，则寡尤；多见阙殆，慎行其余，则寡悔。言寡尤，行寡悔，禄在其中矣。"

译文　子张学习如何求取禄仕。孔子说："多听别人说话，把你觉得可疑的放一边，至于其他想说的，也要谨慎地去表达，那便能够少有过失；多看别人做事，把觉得不安的放一边，至于其他想做的，也要谨慎地去行事，那么便能少有悔恨；言语没有过失，行事没有悔恨，谋求禄仕之道，就在这里面了。"

♡ 张岱

朋友圈纵横谈（为原文）

张岱

"子张学干禄"，只是在多听闻多见识上下功夫。孔夫子就从多闻多见上说起，真正是依据病症来开药方。

子张学习做官求取俸禄，子贡学习做生意，都是像狮子滚绣球一样拿手。所以孔夫子对二人的调教驯服，就像是在泥水之中挥动刀剑，却没有丝毫拖泥带水。不过"禄在其中"这么确定的话，除了孔夫子其他人都不敢说。

"子张学干禄"，只是多闻多见上用功夫。夫子就从此处说起，真是以病为药。

子张学干禄，子贡货殖，俱是狮子弄绣球。故夫子调伏二子处，俱在泥水中使刀剑。只是"禄在其中"一语，非夫子不敢言。

张岱

"阙"就是"缺陷"之"缺"，终生都很难去除，这正是需要做修养功夫的地方。如果一下就能去除，那么"疑""殆"这些问题怎么解决呢？

孔夫子认为"寡尤""寡悔"是非常困难的事情，所以强调这两句话，意味无穷。

人一旦走上仕途，真的没有一句话是不招来怨恨的，没有一件事是不留下遗憾的，这时候才知道"阙疑""阙殆"，"慎言""慎行"真正是在世间有所作为的重要诀窍。"禄在其中"说的就是事实，不用去讲虚幻的道理。

■ "阙"是缺陷之"缺"，终身放不下，正是做功夫处。若一笔勾倒，"疑""殆"，公案如何销得？

圣人看得"寡尤""寡悔"是千难万难的事，所以复顿此二句。无穷意味。

凡人一入仕途，真无语不招尤，无事不贻悔，方知"阙疑""阙殆"，"慎言""慎行"真是用世要诀。"禄在其中"，不必太讲虚理。

《论语》原典·民服章

哀公问曰："何为则民服？"孔子对曰："举直错诸枉，则民服；举枉错诸直，则民不服。"

译文　鲁哀公问："如何使得民众服从？"孔子回答说："举用正直之人放置在邪曲之人的上面，民众便能够服从了；举用邪曲之人放置在正直之人的上面，那么民众就不会服从。"

♡　张岱　杨复所

张岱讲《论语》·为政第二

朋友圈纵横谈（▨ 为原文）

杨复所

不说"君子""小人"而说"直""枉",非常高妙。同样是"君子",只有"直"的"君子"最容易引起是非争议,也最容易被误解。同样是"小人",只有"枉"的"小人"最善于迎合拍马,所以容易被举荐。

▨ 杨复所曰:不说"君子""小人"而曰"直""枉",极妙。同一"君子",惟"直"的"君子"最惹是非,所以容易"错"。同一"小人",惟"枉"的"小人"最善迎合,所以容易"举"。

张岱

君子即便是处在困顿、险恶的不利境地中,他所坚持的道也是直的,正像是石头压住竹笋,竹笋会斜着长出,但它自身还是直的。小人会拉拢关系、倚仗权势,所以没有才能而身居高位,没有道德而手握重权,岂不是深深的欺骗?所以说"错枉"。

▨ 君子虽困厄折挫,其道自直,所谓石压笋斜出也。小人夤缘攀附,无才而在高位,无德而握重权,岂不厚诬?故曰"错枉"。

《论语》原典·使民章

季康子问:"使民敬、忠以劝,如之何?"子曰:"临之以庄,则敬;孝慈,则忠;举善而教不能,则劝。"

译文 季康子问:"要劝勉民众恭敬、忠诚,该如何去做呀?"孔子说:"你面对他们时能够庄重,他们自会尊敬你;你使得人民孝顺老人、慈爱幼小,民众便会发自内心忠诚;将善人推举出来教化尚未能够行善的人,那么民众受到劝告就会乐而行善了。"

♡ 张岱

朋友圈纵横谈(▩ 为原文)

张岱

季康子的意图在于要求百姓,而孔子只是让他反省自己。一个"使"字是有意为之,而三个"则"字则是自然而然的结果。

子张说"嘉许善人""哀矜没有才能德行的人"。孔夫子说"推举善人",确实是针对有权位的人来讲的。但是"劝导无才无德的人",则是有权位和无权位的人都可以努力去做的。"教"字和"矜"字是大相径庭的啊。

▩ 康子意在责民,圣人只令反己。一"使"字有意,三"则"字无心。

张岱讲《论语》·为政第二

> 子张言"嘉善""矜不能"。夫子言"举善",固就有位者言。至于"教不能",则有位无位皆可用力。"教"字与"矜"字,大径庭矣。

《论语》原典·为政章

或谓孔子曰:"子奚不为政?"子曰:"《书》云:'孝乎,惟孝,友于兄弟,施于有政。'是亦为政,奚其为为政?"

译文　有人对孔子说:"你为什么不从事政治呀?"孔子说:"《尚书》记载:'孝是什么?孝就是书中所说的孝啊。对兄弟也能友好善待,将此心实施到家政上。'这也算是治理政事了,为什么还要专门去从事政治呢?"

♥ 张岱

朋友圈纵横谈（▇ 为原文）

张岱

> 陆九渊主持家政三年,自称学问有所进步。这件事正可让我们知道"施于有政,是亦为政"的含义,这全是孝顺、友爱等家庭伦理发挥实际作用的地方,不要将它当作柴米油盐之类的杂乱细碎的小事看。

鲁昭公在乾侯这个地方去世，鲁国人共同拥立昭公的弟弟为国君，这就是鲁定公。鲁昭公的灵柩从乾侯回到都城，季平子派役夫到公室墓地那儿，要在昭公墓道旁边挖沟，使昭公和鲁国历代君主的墓分隔开。荣驾鹅说："活着的时候你不侍奉他，死了之后你又隔离他，你这是在彰显自己的罪恶。即使你忍心这么做，你的后代也必定会有人以此为耻辱。"季平子就不再这样做了。到七月的时候，还是将昭公葬在了墓道南面。孔子担任大司寇后，另外挖沟将墓地合在了一起。

《谷梁传》说："昭公的丧葬，不是正当的丧葬。定公的即位，也不是正当的即位。"孔子的《春秋》在定公元年没有书写定公的即位，正是因为定公即位并不是来自先王的遗命，而是来自权臣季孙意如的支持。

▍陆象山当家三年，自谓于学有进。此正可想"施于有政，是亦为政"，全是孝友真功实际处。莫徒作米盐零杂细碎观也。

鲁昭公卒于乾侯，鲁人共立昭公弟宋为君，是为定公。昭公丧至自乾侯，季孙使役如阚公氏，将沟焉。荣驾鹅曰："生不能事，死又离之以自旌也，纵子忍之，后必或耻之。"乃止。秋七月，葬昭公于墓道南。孔子之为司寇也，沟而合诸墓。

《谷梁传》曰："昭公之终，非正终也。定

公之始，非正始也。"《春秋》于定公元年不书即位，正以社稷非先公所命，而受之于意如耳。

张岱

细细玩味"是亦"两个字，多么含蓄啊，如果只是执定"孝乎，惟孝，友于兄弟"是"政"，那么孔子当年栖栖遑遑、周游列国又是为何呢？

玩"是亦"二字，多少含蓄，若执定只此是"政"，则吾夫子栖栖皇皇者何为？

《论语》原典·輗軏章

子曰："人而无信，不知其可也。大车无輗，小车无軏，其何以行之哉？"

译文　孔子说："做人要是不真实可信，就不知道他还能做什么了。就像载重的牛车没有了使得辕与衡可以灵活转动的輗，驾四马的轻车没有了安稳车身的軏，那么该如何行进呢？"

♡　张岱　苏辙　冯秀水

朋友圈纵横谈（▮为原文）

苏辙

我和外物明显是两个概念，车和牛马明显是不同的东西，怎么样才能够通行呢？只有用輗軏这类销子将它们连接起来，然后车才能够借助牛马的力量运行。輗軏，是连接两者的东西。车与牛马有了輗軏而连接在了一起。我和外物有了诚信而连接在一起。哪怕像金石那样坚硬、天地那么渺远的地方，只要有了诚信，也能够畅行无阻。由此可以知道诚信是连接人与外物的輗軏。

▮ 苏子由云：我与物判然二也，车与牛马判然二也，将何以行之？惟有輗軏以交之，而后车得藉于牛马也。輗軏者，相交之物也。车与牛马得輗軏而交，我与物得信而交。金石之坚，天地之远，苟有诚信，无所不通。吾然后知信之为輗軏也。

冯秀水

"而"字将"人"字衬托起来，可见人没有诚信是万万不可的。人如果没有诚信，就像车没有輗軏那样，该怎样行走于世间呢？绝对是没有这样的道理的。拿车作喻不是用来比喻"行"的，而是用来比喻说明"万万不可没有"的道理的，是从

张岱讲《论语》·为政第二

"而"字上面生发出来的。

　　冯秀水云："而"字衬起"人"字，见人而万万无有不信者矣。设若无之，犹车之万万不可无輗軏，其何以行？决无是理也。取车不譬行，只譬万无之理，从"而"字生来。

《论语》原典·十世章

　　子张问："十世可知也？"子曰："殷因于夏礼，所损益可知也；周因于殷礼，所损益可知也；其或继周者，虽百世，可知也。"

　　译文　子张问："十世以后的事，可以提前知道吗？"孔子说："殷代因袭于夏礼，有些损益的情况，现在仍可考察知道。周代因袭于殷礼，有些损益的情况，现在也可以考察知道。将来有继承周代而崛起的朝代，即使过了一百世，也是可以预知的。"

　　♡ 张岱

朋友圈纵横谈（▉为原文）

张岱

　　子张认为世上的事情都不过是这种样子，所以说"可知"。然而在这其中还有不能十分确信的地方，所以只说"十世"。孔夫子抬眼一看，便发现戏台上的许多剧目，都不过是悲欢离合的老套路罢了。所以把夏、商、周当作一个典型的例子来说，哪怕是大禹商汤、文王武王这样的圣王，也跳不出这些套路，有什么稀奇古怪的呢？所以说尧舜的禅让也不过就像喝几杯酒一样，商汤周武的征伐也不过就像一局棋一样。看得透了，天大的事情也不值得一笑了。

孔子预知百世只是从"礼"上看的：以礼来治理国家，礼合乎中道便能井然有序，不合乎中道便会天下大乱。譬如说夏代和商代之礼太过质朴，那么就应该减少质朴而增加文采；周代文采太过，那么就应该减损文采而增加质朴。《周易·系辞》说："减损和增加，是兴盛和衰败的开始"。兴盛至极便是衰败的开始，只懂得增加而不懂得停止必然会招致减损。衰败至极是兴盛的开始，只懂得减损而不懂得停止必然会导致增加。一时兴盛一时衰落，是天道的循环；一方减损一方增益，是人事的调节。善于观察历史的人，只要观察一个朝代的结束和开始，就知道后一个朝代的圣人将如何进行补救。所以说："百世可知"。

以世事来转变自己则不能知道，以自己来转变世事则什么不能知道呢？这个意思没有阐明出来。

■ 子张看得世上事不过是这光景，故曰"可知"。然中间还有信不过处，故止曰"十世"。夫

张岱讲《论语》·为政第二

子横眼一觑，见戏场中许多杂剧，只是悲欢离合之套数。故把夏殷周做个榜样说，随你禹汤文武圣人，也跳不出圈套，有恁么古怪事？所以道唐虞揖让三杯酒，汤武征诛一局棋。看得破时，天大来事不直一笑。

孔子知百世只在礼上看：制世以礼，礼得中则治，失中则乱。如夏殷质胜，则损在质而益之以文；周末文胜，则损在文而益之以质。《系辞》云："损益，盛衰之始也"。盛为衰之始，益而不已必损。衰为盛之始，损而不已必益。一盛一衰，天运之循环。一损一益，人事之调剂。善观古者，但观一代之末造，便知后一代圣人作何补救。故曰"百世可知"。

以世转我则不可知，以我转世则何不可知？此意未发。

张岱

《尚书》的《秦誓》记载了对过失的忏悔和对贤才的渴求，记录了秦国的兴盛就是它取代周朝的征兆，所以圣人将《秦誓》作为《尚书·周书》的最后一篇。《诗经》的颂记"车粼""马白"，记录秦国兴盛的原因也正是它衰落的缘由，这是秦国灭亡的征兆，所以圣人将《寺人》作为《诗经·秦风》的第一篇。

《四书遇》导读

> 夫誓以志悔过,志思贤,而识秦之所以兴也,继周之兆也,故圣人以《周书》终《秦誓》。《诗》以颂"车辚"颂"马白",而识秦之所以兴,即其所以败也,亡秦之兆也,故圣人以《寺人》冠《秦风》。

《论语》原典·谄祭章

子曰:"非其鬼而祭之,谄也。见义不为,无勇也。"

译文　孔子说:"不是应当祭祀的鬼神,而去祭祀,这是心中存有谄媚;遇到应当做的事情却不做,这是心中缺乏勇气。"

♡ 张岱　韩求仲

朋友圈纵横谈（▇为原文）

张岱

> "见义不为"的念头,就像电光石火,忽然出现又忽然消失。人猛然见到小孩子即将掉落井中,都会心生警惕,这是"见义"——看到了应当做的事情;但是对安抚天下的事情却不去做,就是"不为"——没勇气做应当做的事情。人都知道不食嗟来之食,这是"见义"——看到了应当做的事情;

张岱讲《论语》·为政第二

但对优厚的俸禄却不区别是否符合礼义就接受它，就是"不为"——没勇气做应当做的事情。

▇ "见义不为"，如石火电光，倏起倏灭。只如乍见孺子而怵惕，见义也；不能保四海，则不为矣。呼蹴不受，见义也；不能辨万钟，则不为矣。

韩求仲

谄媚鬼神，是谄媚他人的极致。可以当作无鬼之说，又可以当作戒除谄媚之说。不明不白的人暂且不论，有的人既然知道不是自己的先祖之灵却又去祭祀，既然见到了应该做的事情却又不去做，岂不是可惜了生而为人所拥有的一点良知吗？

▇ 韩求仲云：谄鬼者，谄人之极思耳。着无鬼论者，又当着戒谄论。蒙懂者无问矣。既晓得非其鬼而又祭之，既见义而又不为，一点良知，岂不可惜？

八佾第三

《论语》原典·八佾彻雍二章

孔子谓季氏:"八佾舞于庭,是可忍也,孰不可忍也。"

译文 孔子谈及鲁大夫季孙氏:"以天子的八八六十四人的舞蹈阵列在自己的庭院中表演,这种事都能容忍,还有什么事情是容忍不下的?"

三家者以《雍》彻。子曰:"'相维辟公,天子穆穆',奚取于三家之堂?"

译文 鲁大夫孟孙、叔孙、季孙三家,演奏《雍》乐来撤回家祭结束后的祭品。孔子说:"'四方诸侯都来助祭,天子仪容,那样穆穆地敬而美。'这样在三家堂上演奏有何意义?"

♡ 张岱 葛屺瞻

朋友圈纵横谈(▇为原文)

 葛屺瞻

通过谈论舞佾的情境,来调动对方的恐惧警惕之心;通过引用《诗经》的语言,来点醒对方的羞耻之心。这些都不是跟他详细计较名分之事,而是勾起对方内心的良知。

▇ 葛屺瞻曰:就舞佾景象,耸动他怵惕之心;就歌诗语句,挑醒他羞恶之心。都不把名分与他较,全从心苗中钩剔。

张岱

宰予缩短服丧日期，孔夫子说"你如果觉得安心，你就这么做吧"。季氏僭越礼法，孔子说"你能忍心这样做吗"！圣人遇到不忠不孝的人，只是去唤醒他们自身的良知，让他们进行自我反思。

舞佾、雍彻最早是从鲁国君主进行僭越礼法开始的。孟孙氏、叔孙氏和季孙氏特意建造桓庙，用来祭祀鲁桓公，就是他们对鲁国君主的错误行为进行效仿而做的。

"忍"这个字，本来是英雄大有作为的地方。使用得光明正大，便是伊尹流放太甲，霍光废除昌邑这样的正义之举；用得不清不楚，就成了王莽、曹操这一类。

▨ 宰予短丧，夫子曰"女安，则为之"。季氏僭礼，夫子曰"是可忍也"！圣人遇不忠不孝的，只是挑动他良心，使之恻然自省。

舞佾、雍彻先自鲁之僭礼始。三家特立桓庙，故亦用此以祭桓公，是其效尤处。

"忍"之一字，原是英雄大作用处。用得光明正大，便是伊尹之放太甲，霍光之废昌邑；用得暧昧不明，便是王莽、曹瞒一流。

张岱讲《论语》·八佾第三

张岱

《舞佾章》是热切的棒喝，《雍彻章》是冷峻的嘲讽。孟孙氏、叔孙氏和季孙氏三家听到，也应该会惭愧流汗。孔融在世的时候，曹操不敢马上给自己加九锡（九锡是九种礼器。是天子赐给诸侯、大臣有殊勋者的九种器用之物，表示最高礼遇），所以当时的人们都歌唱"山有猛虎"，表示对孔融的敬重。

▋《舞佾章》是热喝，《雍彻章》是冷嘲。三家闻之，亦应汗下。孔北海在日，曹孟德不敢遽加九锡，时人所以歌"山有猛虎"也。

《论语》原典·无争章

子曰："君子无所争。必也射乎！揖让而升，下而饮。其争也君子。"

译文 孔子说："君子没有什么想要争的。一定要有的话，那就是比射了！射礼开始三揖之后升堂，比射完毕作揖退下，胜者败者作揖升堂，举杯对饮。这样的争，才是君子之争。"

♡ 张岱

朋友圈纵横谈（ 📖 为原文）

张岱

只说"不争"，就还是政坛不倒翁冯道、胡广这一类人。这句话则从"争"说到了"不争"，这才是君子大有作为的地方。

孔子在矍相（地名）的园圃中进行射箭，让子路手执弓箭到门外延请想参加射礼的人。子路出去说："败军之将，亡国之大夫以及改名换姓做了别家后人的，不得进来。"于是走掉了一半人，进来了一半人。这种忠孝之义令人敬畏，哪里仅仅是"不争"呢？

📖 单说不争，尚是冯道、胡广一流。此独从争说到不争，方是君子大作用。

孔子射于矍相之圃。子路执弓矢出延射，曰："贲军之将，亡国之大夫，与为人后者，不入。"忠孝之义凛然，奚止不争？

《论语》原典·礼乐章

子曰："人而不仁，如礼何？人而不仁，如乐何？"

译文 孔子说："人心若是没有了仁，还怎么运用礼呢？人心若是没有了仁,还怎么运用乐呢?"

♡ 张岱　杨复所

朋友圈纵横谈(▬为原文)

杨复所

> 不能为礼乐设下边界障碍,要自己将礼乐落实。这里明明白白说出了礼乐的根本,可以回答下一章中林放的问题了。
>
> ▬ 杨复所云:不能为礼乐设藩篱,且自为礼乐立地步。明明说出礼乐之本,可复下章林放之问。

《论语》原典·林放章

　　林放问礼之本。子曰:"大哉问!礼,与其奢也,宁俭;丧,与其易也,宁戚。"

　　译文　林放询问礼的根本,孔子说:"你的问题意义重大啊!礼,与其过于奢侈,宁可过于节俭。丧礼,与其过于和易,宁可过于哀戚。"

　　♡ 张岱

朋友圈纵横谈（ ▨ 为原文）

张岱

恭敬，是礼物钱财未送出去之前就应该有的。"俭"与"奢"，还是在说礼物钱财的多少而已。"奢"固然脱离了"礼"的根本，"俭"难道就可以当作是"礼"的根本了吗？然而，从"俭"处寻求，毕竟不偏离"礼"的最初意思，所以说"宁俭"。玩味"宁"这个字，就可以明白孔子是不把"俭"当作"本"的。"戚"则是自己的内心难以承受的状态，与"俭"是不同的。然而仅仅有"戚"，就能说是"必诚必信，勿之有悔（真诚不欺，以免留下遗憾）"的吗？所以也用了一个"宁"字。

▨ 恭敬者，币之未将者也。"俭"与"奢"，犹言币之有隆杀云尔。"奢"固离本，"俭"亦岂遂可以当"本"乎？然从"俭"而求之，犹不失最初之意，故曰"宁俭"。玩一"宁"字，其不即以为"本"可知也。"戚"则本心之不容已，与"俭"不同。然徒"戚"而已，亦岂所谓"必诚必信，勿之有悔"者乎？故亦下一"宁"字。

《论语》原典·夷狄章

子曰:"夷狄之有君,不如诸夏之亡也。"

译文 孔子说:"夷狄之地尚且有君主,不像华夏地区(君主秩序)反而没有了。"

♡ 张岱

朋友圈纵横谈(▊为原文)

张岱

我遭遇乱世,见到夷狄尊奉君王,情况比华夏还要好一些。比如女真族君王铲除宗亲乡党、杀戮有功之臣,那些人十分之九都被杀害,其他人却不敢稍有反抗。而我们大明朝的建文皇帝才稍微对宗亲严苛了一点,就遭遇燕王朱棣起兵反抗,实在是远远不如夷狄呢!

▊余遭乱世,见夷狄之有君,较之中华更甚。如女直之芟夷宗党,诛戮功臣,十停去九,而寂不敢动。如吾明建文之稍虐宗藩,而靖难兵起,有愧于夷狄多矣!

《四书遇》导读

《论语》原典·泰山章

季氏旅于泰山。子谓冉有曰:"女弗能救与?"对曰:"不能。"子曰:"呜呼!曾谓泰山不如林放乎?"

译文　季氏去祭祀泰山。孔子对冉有说:"你就不能匡正这件事情吗?"冉有回答说:"我不能。"孔子说:"唉!难道泰山神明还会不如林放懂礼吗?"

♡ 张岱

朋友圈纵横谈（▨为原文）

张岱

> 旅泰山,是一种仪礼,而为什么"旅",是有所规定的。季氏以大夫的身份去行诸侯应该行的礼,是违背了规定的。泰山之神,是不可欺骗的。假若泰山之神真的接受了季氏的礼拜,那他就真连林放也不如了。
>
> ▨ 旅泰山,礼也,而所以旅者,有本焉。以大夫而行诸侯之礼,失其本矣。泰山之神,不可诬也。使泰山而享,真不如林放矣。

94

张岱讲《论语》·八佾第三

《论语》原典·绘事章

子夏问曰:"'巧笑倩兮,美目盼兮,素以为绚兮。'何谓也?"子曰:"绘事后素。"曰:"礼后乎?"子曰:"起予者商也!始可与言《诗》已矣。"

译文 子夏问:"'巧笑倩啊,美目盼啊,素色为彩色装饰。'这是什么意思?"孔子说:"绘画之事,在素色之后啊。"子夏说:"不是说礼是后起之事吗?"孔子说:"启发我的人是卜商你啊!可以开始与你讨论《诗经》了。"

♡ 张岱

朋友圈纵横谈(▇为原文)

张岱

> 六经有注解,还不如无注解。"素以为绚",既非一又非二,诗意多么圆满啊!孔夫子不得已用绘画之后才觉察"素"来作说明,已经是于月亮之外又添了一根手指了。子夏又进一步说"礼之后",则就更不是原初的月亮了。孔子欣喜于他得月忘指(佛教用语。比喻领会到了真谛而舍却了途径、表象),所以以可以跟他谈论《诗经》来赞许他。可笑的是世人不仅没有忘记"后",反而又增加了一个"先"字。

不要认为"素"就是先于天地的先验存在，看到具体的事物并加以考虑便都是"后"。任凭人再聪明再精微地推论认知，也总不能穷尽"后"的事物，哪里能说得到"先"字呢？一说"先"这个字，便已经是在说"后"了。

"礼后乎"一句，不是对"礼"的感悟，而正是对《诗经》精微之义的感悟，所以说"可与言《诗》已矣"。这正是赞许子夏懂得精微之义。"绘""礼"两个字，恐怕都不是主要的意思。

📖 六经有解，不如无解。"素以为绚"，非一非二，诗意何圆？夫子不得已明以绘之后觉，已于月外添指。子夏复曰：礼之后，则更非初月矣。子喜他得月忘指，故以"言《诗》"与之。堪笑世人又添一"先"字也。

莫道"素"便是"先"天地相推而出，见形着想皆是"后"。凭他万般聪明精微推识，总不尽"后"，安有"先"字可说？才说一"先"，已是"后"了也。

"礼后乎"，非悟礼也，正悟《诗》之微，故曰"可与言《诗》已矣"。盖与其知微也。"绘""礼"二字，恐终是枝意。

张岱

子夏在西河设立教席，写了《毛诗·小序》。这一章的问答，孔夫子明确地以《诗经》之学来称许他，即是教天下后代之人研读《诗经》的方法。"礼"字只是借用来说明《诗经》的问题的，不要宾主颠倒、因小失大。

▣ 子夏设教西河，作《毛诗·小序》。此章问答，夫子明以《诗》学与之，是即教天下后世以读《诗》之法也。"礼"字借来影语不得顾宾失主。

《论语》原典·文献章

子曰："夏礼，吾能言之，杞不足征也；殷礼，吾能言之，宋不足征也。文献不足故也。足，则我能征之矣。"

译文 孔子说："夏朝的礼我能说出来，但杞国不足以为我的学说证明；殷代的礼我能说出来，但宋国不足以为我的学说证明。都是因为文献不足啊。文献要是足够，那么我就能够证明（礼）。"

♡ 张岱 宋羽皇

朋友圈纵横谈（▣为原文）

宋羽皇

这一章中三个"吾能"，字面意思是相互呼应、引发的，文献不够而有我的言语在，这就是没有佚失的文献啊,所以最后一句发感慨说没有文献可以征用。真是用一句话来当作文献,以自己一人之身来保存夏商文献。孔子不是感叹杞国和宋国的灭亡,而是抛开杞宋两国谈文献。

▨ 宋羽皇曰:章内三个"吾能",字意相映发,文献不足而有吾言在,即未亡之文献也,故末句致慨无征。直是以一言当文献,以一身存二代上。不是叹杞宋沦亡,直是撇开杞宋。

张岱

武王将东楼公分封在杞国,将微子分封在宋国。从微子到宋国的最后一个国君戴公,历任有十位国君,礼乐制度在这期间被废弃破坏。正考父是孔子的七世祖,得到了《商颂》共十二篇呈给太师,到孔子的时候则只在《诗经》中保存了五篇,这就是文献不够的原因。《左传·僖公二十七年》记载:杞桓公来鲁国朝见,用的是夷人的礼节,以致《春秋》称呼他为"杞子"来贬低他。这也是文献不够造成的。

在《礼运》中,孔子说:"我想要考察夏朝的治道,而在夏朝后人所建的杞国没有文献可以验证,我得到的是夏朝的时令书。我想要考察商朝的治道,而在商朝后人所建的宋国没有文献可以验证,得到的是商朝的卜筮书《坤》《乾》。"读这段话,可以明白《论语》中所载"夏礼吾能言,之杞不足征也;殷礼吾能言,之宋不足征也"的意思。

■ 东楼公,武王封之杞。微子,武王封之宋。自微子至戴公凡十君,其间礼乐废坏。正考父为孔子七世祖,得《商颂》十二篇周之太师,至夫子则《诗》仅存五篇,是文不足征也。《左传·僖公二十七年》:杞桓公朝,用夷礼,故《经》书"子"以贬之,是献不足征也。

《礼运》孔子曰:"我欲观夏道,是故之杞,而不足征也,吾得夏时焉。我欲观殷道,是故之宋,而不足征也,吾得《坤》《乾》焉。"读此知《论语》"夏礼吾能言,之杞不足征也;殷礼吾能言,之宋不足征也"。

《论语》原典·既灌章

子曰:"禘自既灌而往者,吾不欲观之矣。"

译文 孔子说:"禘礼,从刚开始祭祀将鬱鬯之酒浇在地以求神降开始,我就不想再看下去了。"

♡ 张岱

朋友圈纵横谈（▥为原文）

张岱

> "不欲观"，不一定因为是进行禘礼的诚意不够。大礼从根本上已经错了，哪里还谈得上诚意呢？在灌以前，还没有宣读祝告之文；灌以后，则要宣读祝告了，这怎么能出现在三家的家庙上呢？孔子怎么可能想看呢？
>
> ▥ "不欲观"，不必诚意之衰。大礼既非，何诚意之足言？盖未灌以前，犹未宣读告文；既灌，则告文宣读，所谓奚取于三家之堂矣，圣人宁欲观之？

《论语》原典·禘说章

或问禘之说。子曰："不知也。知其说者之于天下也，其如示诸斯乎！"指其掌。

译文 有的人询问禘礼的说法。孔子说："我不知啊。若是有知道禘礼说法的人，他对于整个天下，就像摆在这里这样！"一边说一边指着自己的手掌。

♡ 张岱

朋友圈纵横谈（▇为原文）

张岱

从前有人说，周成王命令鲁国国君世世代代用天子的礼乐来祭祀周公。《史记》说："鲁惠公让宰让去周天子那里请郊庙之礼，天子派了史角前往。"由此可知鲁国僭越礼法，是从周平王和鲁惠公时期开始的。根据《閟宫》这首诗的记载："周天子命令鲁惠公，在东鲁做诸侯要慎重。赐给他山川和土地，以及一些作为附庸的小国。"周成王并没有将郊禘之礼赐给鲁僖公。

▇ 向言成王命鲁公世世祀周公以天子之礼乐。《史记》云："鲁惠公使宰让请郊庙之礼于天子，天子使史角往。"据此则鲁之僭礼，自平王惠公始也。按《閟》之诗曰："乃命鲁公，俾侯于东。锡之山川，土田附庸。"成王未尝以郊禘赐鲁。

张岱

《春秋》记载闵公二年："以禘礼祭祀庄公。"僖公三十一年："四次为郊祀的事情占卜。"由此可知，禘礼的僭越，开始于鲁闵公；郊礼的僭越，开始于鲁僖公。不然，为何自伯禽以来的三十八位君主都没有庙颂，却偏偏从鲁僖公开始开始有了呢？总之，如果郊禘之礼是周成王赐给鲁公的，那么周成王就做得不对，伯禽接受了这一赏赐也是不对的。如果是闵公、僖公僭越，那么就是闵公、僖公不对，而后来的鲁国君主沿用郊禘之礼也是不对。孔子说："鲁国使用郊禘之礼是不符合礼法的，周公应该会感到悲伤的！"就是讽刺当时的君主和大臣一样都是僭越的。

> 📖 《春秋》书闵公二年："禘于庄公。"僖公三十一年："四卜郊。"据此，则禘之僭，始于闵。郊之僭，始于僖也。不然，何伯禽以下三十八君未有庙颂，而颂独始于僖哉？总之郊禘赐于成王，则成王为非，而伯禽受之亦非，僭于闵、僖则闵、僖非，而后人用之亦非。孔子曰："鲁之郊禘，非礼也，周公其衰矣！"盖刺当时之君若臣耳。

《论语》原典·如在章

祭如在，祭神如神在。子曰："吾不与祭，如不祭。"

译文 祭祀时，就要像真的有祖先在接受祭祀一样，祭祀神灵时，也好像真有神灵在面前一般。孔子说："我若是不身心合一地参与到祭祀仪式中，那么就如同没有祭祀过。"

♡ 张岱

朋友圈纵横谈（为原文）

张岱

王浚问@卢裕："'祭神如神在'，是有神呢还是无神呢？"卢裕回答："有神。"@王浚又问："如果是有神那么应该说'神在'，为什么要说'如'呢？"这句话最为精微。"如"，是指我的精神所在，"不与祭"有精神在吗？这段话的精义是：祭祀，则精神应当在此；如果精神不在此，那就跟没有祭祀一样。

 王浚问卢裕曰："'祭神如神在'，为有神耶，无神耶？"答曰"有神"。曰："有神当言神在，何以言'如'？"此语最微。"如"者，吾之精神著之也，"不与祭"而有之乎？此段精神：祭，则如在；不与，则如不祭。

张岱

"君王到宗庙里祭祀""内心诚敬"，这正是古圣先王以神明之理教化天下的开始。"如在"这一句话，就概括尽了一篇《祭义》的精髓。

 "王假有庙"，"有孚颙若"，此政是先王以神道设教之始。"如在"一语，括尽一篇《祭义》。

《论语》原典·媚奥章

王孙贾问曰:"与其媚于奥,宁媚于灶,何谓也?"子曰:"不然。获罪于天,无所祷也。"

译文 王孙贾询问孔子说:"'与其在房屋西南角的主神那儿求媚讨好,不如向管事儿的灶君司命求媚讨好',这是什么意思呢?"孔子说:"不是这样。若是受到来自上天的惩罚,那就没有地方可以祷告了。"

♡ 张岱

朋友圈纵横谈(▨为原文)

张岱

王孙贾的这个问题,与弥子、卫卿的意思是相同的。孔子对弥子就说"命",称"命"是为了拒绝小人。对王孙贾则说"天",说"天"是为了震慑有权势的奸臣。这两种回答都是像哑谜一样,并没有说得那么直接。"何谓也",王子贾问话的语气骄傲自大;"不然",孔子回答的语气严肃果决。一问一答,二人的神情全都表现出来了。"获罪"这两句话,不过是补足"不然"这两个字的内涵罢了。

▨ 王孙贾此问,与弥子、卫卿可得同意。对弥子则曰"命",称"命"所以屏绝宵小。对贾则曰

张岱讲《论语》·八佾第三

"天",称"天"所以震詟权奸。两边都是哑谜,并不曾说破。"何谓也",语气矜夸;"不然",语气严毅。问答神情全在此处。"获罪"二句,不过找足"不然"二字语意耳。

《论语》原典·从周章

子曰:"周监于二代,郁郁乎文哉!吾从周。"

译文　孔子说:"周代追溯了夏、商二代礼的演进,它的礼乐文化是多么繁盛啊!我主张遵从周代。"

♡　张岱

朋友圈纵横谈(▇为原文)

张岱

有种说法是:周代并不是文礼昌盛。但当时楚庄王向周天子问九鼎的轻重,晋文公请求使用只有在周王畿才能用的乡遂制度,鲁国大夫八佾舞于庭、在家庙中结束祭礼时唱本该只有天子祭祀能唱的《雍》之诗,这些纯粹是一派粗野而傲慢的景象,哪里能称得上"文"呢?然而四海同一的世界,有谁不追随周呢?孔夫子特地指出来,正可见当时的社会所崇尚的,是奢侈而不是有礼节,是背离周天子而不是遵从周天子。

礼乐制度隆盛,是周代制度最完备的地方。从周幽王、周厉王开始,纲常纪律被扫除殆尽,礼乐制度毁灭而国家也随之毁灭了,哪里是担忧礼乐太过隆盛呢!并且孔夫子明确指出"从周",可现在科举应试的文章却说是"遵从夏商两代",这是什么原因呢?

▌语谓:周未文胜。当时问鼎、请隧、舞佾、歌雍,纯是草野倨侮气象。何尝是"文"?然而同轨同伦世界,谁有不从周者?夫子特地标拈,正见当时所崇尚者,是奢非文,是畔周非从周也。

文盛,是周制大备处。降自幽厉,纪纲扫地,文尽而国亦随之,岂忧文胜耶!且夫子明说"从周",时文却曰"即所以从二代",何也?

张岱

西汉王朝刚刚建立时,大臣和百姓都粗野而傲慢。自从叔孙通制订整顿了朝仪典章,汉高祖才说:"我今日才感觉到作为天子的高贵威严。"看来繁琐的仪式或礼节,也是必不可少的。

▌汉室草创,臣民倨侮。自绵蕝制兴,而汉高曰:今日始知天子之贵。觉繁文缛节,自不可少。

张岱讲《论语》• 八佾第三

《论语》原典 • 太庙章

子入太庙,每事问。或曰:"孰谓鄹人之子知礼乎?入太庙,每事问。"子闻之,曰:"是礼也。"

译文 孔子初入太庙,每遇见事情都要询问。有的人说:"谁说鄹邑的年轻人懂得礼呀?进到太庙,遇事就要询问。"孔子听到了,说:"那就是礼啊。"

♡ 张岱

朋友圈纵横谈(▰ 为原文)

张岱

孔子在朝堂上就谈论朝堂之事,在宗庙里就谈论宗庙之事。在朝堂上,夫子对下宽容对上严谨,商议妥当再等待国君上朝时奏对。在宗庙每件事都要过问,考察精细而等待君主来祭拜。恪尽职守之礼就应当是这样,所以说"是礼"。宗庙中的仪礼,关系重大。杞国和宋国的"文献不足征"的缺憾,用一问来弥补。对这一点,少不了有人进行反驳。孔子进入太庙而见到金属所铸之人(金人背后刻有铭文)、观摩欹器(一种礼器),圣人在这里长了许多见识学问。更何况在宗庙之礼的传承中,只杀一只羊敷衍了事的事情也很多。孔子的一提问一查考，更加体现出了礼的精神。

▎子在朝言朝，在庙言庙。在朝间间侃侃，商榷定而俟君出，对扬之。在庙每事问，考据精而俟君祭。骏奔之礼当如是，故曰"是礼"。庙中之礼，关系甚大。杞宋文献，直以一问当之。正不可少或人一驳。入太庙而见金人，观欹器，圣人于此长多少学问。况庙内之礼，如饩羊者尽多。一问一考，礼之精神愈出。

《论语》原典·主皮章

子曰："射不主皮，为力不同科，古之道也。"

译文　孔子说："比射重点不在于能够射穿皮革，因为人的体力是不同的，这是古人的道理。"

♡ 张岱　韩求仲

朋友圈纵横谈（▎为原文）

韩求仲

孔夫子特意在需要力量的地方指出蛮力是不可取的。他用"无争"来引导射箭之道，用德行来评

张岱讲《论语》·八佾第三

论骏马,都是这个意思。

▨ 韩求仲曰:夫子专在用力处点出力之不可用,所以无争引射,称德论骥,俱是此意。

张岱

品味"不主"这两个字,原本不是完全不考虑"力",这才可以见得孔夫子之意包罗甚广。现今的科举应试文章完全抹杀了"力"字,必须知道将牛马放归田野去耕作(因为战争结束了,不再需要打仗,周武王就宣布归马放牛,让它们拉犁耕地。),与铸造十二金人(秦始皇没收天下之人的兵刃,将它们聚集在咸阳进行销毁,用这些金属铸成了十二金人。)是有本质区别的。"古之道",说的是古圣先王不可改变的治理法则,言外便有感伤当今之世的意思。

乡射之礼以五件事情来从众人中选拔人才:一是心志中正,二是动作协调,三是射中箭靶,四是容色和于音乐,五是起舞。天子有三个箭靶,分别用熊皮、虎皮、豹皮做。

朱熹注解说"以中正为主要目的",说主要目的在于"和容",而不是射中箭靶。所以《尚书传》说:"中正之人,即使射不中箭靶也是可以录用的;不中正之人,即使射中箭靶也不录用。"

▨ 味"不主"二字,原不是废"力",才见网罗之大。时文抹杀"力"字，须知放马归牛，与金人十二自别。说"古之道"，是古之成法必不可变者，言外便有伤今意。

乡射以五物询众庶：一曰和志，二曰和容，三曰主皮，四曰和颜，五曰兴舞。天子三侯，以熊虎豹皮为之。

朱注言"主于中"，言主于中"和容"，不主于中的。故《尚书传》云："中者，虽不中也取；不中者，虽中也不取。"

《论语》原典·饩羊章

子贡欲去告朔之饩羊。子曰："赐也！尔爱其羊，我爱其礼。"

译文　子贡想要取消每月行告朔之礼时用羊祭祀，孔子说："赐啊！你爱惜那只羊，我爱惜那种礼啊。"

♡　张岱　王观涛　徐自溟

朋友圈纵横谈（为原文）

王观涛

> 告朔这种仪礼，是禀明周天子新的一年的开始的，届时还会杀一只羊来供奉，也说明鲁国的君臣还没有敢公然蔑视典章礼仪，所以孔夫子爱惜的是逐渐被行礼者忘失的礼，是有深意在的。
>
> 王观涛曰：告朔之礼，所以禀周天王之政朔也，饩羊犹供，亦鲁君臣未敢显然蔑视典礼处，故夫子所惜是亡于礼者之礼也，殆有深意。

徐自溟

> 举行仪式典礼的时候，杀羊是礼的一部分；仪礼废止时，留着羊就是礼。不用像朱熹那样说到践行承诺上去。
>
> 徐自溟曰：行礼时，杀羊是礼；废礼时，存羊是礼。不必说到可复上。

张岱

> 羊是用来寄托礼的，所以留着它就是礼，不用它，它就仅仅是只羊。"其"这个字有精妙的理解。孔子书写《春秋》时，特地记载鲁文公"第四

《四书遇》导读

次不参加告朔之礼",可见孔子对待告朔之礼是非常郑重的。

▋ 羊以寄此礼,故留之则其礼也,去之则其羊也。"其"字有妙解。孔子作《春秋》特书文公"四不朝朔",故于告朔之礼,十分郑重。

《论语》原典·尽礼章

子曰:"事君尽礼,人以为谄也。"

译文　孔子说:"侍奉君主能够事事达到礼的要求,人们却以为是谄媚。"

♡ 张岱

朋友圈纵横谈(▋为原文)

张岱

如果礼遇比自己地位低的人,人们认为是"礼",现在以礼对待地位高的人,人们则反而认为是谄媚。本章中的"人",就是指做法违背多数人时的"多数人"。

▋ 如拜下,礼也,今拜乎上,则反以为谄矣。"人"即违众之众人。

112

张岱讲《论语》·八佾第三

《论语》原典·君臣章

定公问:"君使臣,臣事君,如之何?"孔子对曰:"君使臣以礼,臣事君以忠。"

译文 鲁定公问:"君主役使臣子,臣子侍奉君主,该如何呢?"孔子回答:"君主依照礼来役使臣子,臣子以忠诚的原则来侍奉君主。"

♡ 张岱

朋友圈纵横谈(▇为原文)

张岱

晏子常常告诉齐景公田氏家族壮大可能引起祸患,齐景公问怎么样才能补救。晏子回答说:"只有礼可以终止祸患。依照礼的原则,卿大夫家的施舍,不可以让他面向全国进行以获取人心,而家大夫也不能敛聚国家之财利。"齐景公没有听从晏子的建议,齐国最终灭亡。

三国时期马超第一次见刘备,谈话中很不礼貌地以刘备的字玄德来直呼他。关羽很气愤,请刘备杀掉马超。刘备说:"别人境遇困窘才来投奔我,我却因为他称呼我的字而杀他,怎么样昭告天下呢?"张飞说:"既然如此,应该以礼对待马超。"第二天会面,刘备请马超入席,关羽和张飞

113

拿着杖和刀站立在一旁，马超大惊，不敢再直呼刘备的字。像这样，礼也足够用来管理下属。

■ 晏子常告景公以田氏之祸，公问所以救之者。晏子曰："惟礼可以已之。在礼，家施不及国，而大夫不收公利。"公不能用，齐卒以亡。

马超初见先主，与先主言，呼先主字。关羽怒，请杀之。先主曰："人穷来归，以呼我字而杀之，何以示天下？"张飞曰："如是，当示之以礼。"明日大会，请超入，羽、飞并杖刀立直，超乃大惊，遂不复敢呼字。礼之足以御下也如此。

张岱

天子的房子高九尺，诸侯的高七尺，相差的就是两尺罢了。天子的座席五层，诸侯的座席三层，相差的也就是两层。但就是这小小尺寸，使得君臣之间的区分变得显著。以礼来治理国家，就是这个样子。

■ 天子之堂九尺，诸侯七尺，所争者二尺耳。天子之席五重，诸侯三重，所争者再重耳。只此尺寸，君臣之分截然。礼之治国，关系若此。

《论语》原典·关雎章

子曰："《关雎》乐而不淫，哀而不伤。"

译文　孔子说:"《关雎》这首诗,快乐而不过度,哀戚而不至于损伤。"

♡ 张岱

朋友圈纵横谈(▬ 为原文)

张岱

> 本章是赞美《关雎》的音乐,而不是赞美这首诗。不要在钟鼓、琴瑟、寤寐、反侧等词语上分析难过或快乐。"哀"和"伤"是不同的。"哀",是合乎心性的;而"伤",则出自于私情私心。心性在生活中可以日用日新,一旦沉溺于私情则会立即败坏。
>
> ▬ 此是赞乐,不是赞诗。不必以钟鼓、琴瑟、寤寐、反侧等语,较量哀乐。哀与伤辨。夫哀,性也;而伤,持情之私也。性愈用而日新,情一沈而立败。

《论语》原典·问社章

哀公问社于宰我。宰我对曰:"夏后氏以松,殷人以柏,周人以栗,曰:使民战栗。"子闻之,曰:"成事不说,遂事不谏,既往不咎。"

《四书遇》导读

译文　鲁哀公询问宰我关于社的事情，宰我回答道："夏后氏用松树为社，殷人用柏树，周人用栗树，说是要使得百姓战栗。"孔子听说了，说道："已经完成的事情，就不再说了。大势已趋的事情，也就不需要再进谏了。过去的事情，就不必再追咎了。"

♡ 张岱

朋友圈纵横谈（▰ 为原文）

张岱

> 何休注解《公羊传》说："神主牌位使用松，就相当于'容'，想到他的容貌而侍奉他，表明神主代表的人是合乎法度的。神主牌位使用柏，就相当于'迫'，亲近而不疏远，表明神主所在的地方是合乎法度的。栗就相当于颤栗，是谨慎恭敬的样子，表明神主所承受的天命是合乎法度的。"《禹贡》载："青州，出产铅、松树、像玉一样的石头。荆州，出产香椿、榦树、栝树、柏树。"《周礼》说："栽种各自地方所适宜生长的树木。""夏代的都城安邑，适宜种松树；商代的都城亳，适宜种柏树；周代的都城丰镐，适合种栗树。"又说："太社（古代天子为群姓祈福、报功而设立的祭祀土神、谷神的场所）只能种植松树，东社只能种植柏树，南社只能种植梓树，西社只能

116

种植栗树，北社只能种植槐树。"由此可知，宰我所说的话也不是不对，孔子却否定他，不知道是什么原因。"使民战栗"又与孔子所说的"下霜的时候不拔草"一致，即周武王所说的不可以再劝勉了。孔夫子让他不要说、不要劝谏、不要怪罪，也不知道什么原因。"土地庙的老鼠不能用水灌，城墙下的狐狸不能用火熏。"这句话虽然说的是小事，但可以比喻大事。所以要议论在鲁国树立君主权威的事情，应当在成王和襄王以前，不应当在昭公和定公之后。这个时候三桓的根基已经稳固、羽翼已经丰满，大势已去无法挽回，所以不用再议论了。

▎何休注《公羊传》曰："松，犹容也，想见其容貌而事之，主人正之意也。柏，犹迫也，亲而不疏，主地正之意也。栗犹战栗，谨敬貌，主天正之意也"。又《禹贡》"青州，铅松怪石。荆州，枕榦栝柏"。《周礼》云："各于其野之所宜木。""夏都安邑，宜松；殷都亳，宜柏；周都丰镐，宜栗。"又云："太社唯松，东社唯柏，南社唯梓，西社唯栗，北社唯槐。"则宰我之言，未为不是，夫子非之，不知何故？"使民战栗"又与夫子陨霜不杀草之对同，即康侯所谓劝之断也。夫子令勿说、勿谏、勿咎亦不知何故？"社鼠不灌，城狐不熏。"此言虽小，可以喻大。故议鲁事者，当在成襄之前。不当在昭定之后。此时根蒂已固，羽翼已成，大事去矣，故不必言也。

张岱

在孔子出任大司寇期间，想要隳除三家的城墙。于是叔孙氏拆除郈（地名）的城墙，季氏拆除费（地名）的城墙，即将拆除成功的时候，公敛处父对孟孙氏说："郕（地名），是孟氏存在的保障，没有郕，就是没有孟氏了。你假装不知道，我则要坚持不拆除城墙。"鲁侯派兵包围郕，没有攻打成功。以这个时候三家的势力之大，孔子本人尚且没有拆除成功，更何况别的人呢！

　　当时孔子为政，欲隳三都。于是叔孙氏隳郈，季氏隳费，将隳成，公敛处父谓孟孙曰："成，孟氏之保障，无成，是无孟氏也。子伪不知，我将不隳。"鲁侯围成，弗克。此时三家之势，孔子尚不能隳成，何况贤辈！

《论语》原典·器小章

子曰："管仲之器小哉！"或曰："管仲俭乎？"曰："管氏有三归，官事不摄，焉得俭？""然则管仲知礼乎？"曰："邦君树塞门，管仲亦树塞门。邦君为两君之好，有反坫，管氏亦有反坫。管氏而知礼，孰不知礼？"

　　译文　孔子说："管仲的器量很小啊！"有人说："管仲生活节俭

吗？"孔子说："管仲娶了三家之女，各处各项官事都设有专人管理，也不亲自管理，哪里算得上节俭？""那管仲知礼吗？"孔子说："国君在大门处设有屏风，管仲家大门处也有屏风。国君为了两国之间的友好，堂上设有搁置酒杯的土堆，管仲宴客也有那样的土堆。如果说管氏知礼的话，谁不知礼啊？"

♡ 张岱　扬雄　汤宣城

朋友圈纵横谈（为原文）

张岱

> 君主所推行的是王道还是霸道，只有在根本细微之处才有差别。如果达到万事就如同浮云飘过天空那样的境界，那么功业和名位便也就是道德，眼中只有利益金钱，那么功业和名位也就只是功业和名位。孔子贬低管仲是有非常精微的含义在其中的，哪里能对有些人说呢！后面两段原本也不是证明管仲器量小的，只是孔子随问随答的话。
>
> 王道伯业，只在根本毫厘上差别。浮云太虚，功名便是道德，金屑着眼，功名只是功名。圣人小管仲极有微义，岂能对或人言之！下二段原不是证"器小"，只是随辩随解耳。

冯开之

管仲即使不那么奢侈,而是很节俭,也没办法摆脱"器量小"的评语。这个意思原本是文毅公商辂说出来的,甲午年科考时由此得到了些皮毛的人,也都成了名家。

▌冯开之云:仲即俭,无解于"器小"。此等意原从商文毅公来。甲午诸君得其一班者,亦尽名家矣。

张岱

刑昺《论语正义》说:"女人出嫁称为'归'。"按照礼,大夫虽然可以有小妾,但只能娶一家的女子为正妻。现在管仲娶了三家的女人为正妻,所以说"有三归"。《国策》也说:"在齐桓公的宫中,一共拥有七个市场和七百个淫乐场所,齐国人都斥责他,于是管仲就故意娶了三个正妻,目的就是为桓公掩饰过错,自己并非有意伤害民心。"

▌《正义》曰:"妇人谓嫁曰归。"礼,大夫虽有妾媵嫡妾,唯娶一姓。今管仲娶三姓之女,故曰"有三归"。《国策》亦曰:"齐桓公宫中七市,女闾七百,国人非之。管仲故为三归之家,以掩桓公,非自伤于民也。"

扬雄

> 有人说:"齐国因为有管仲才能够成就霸业,孔子却说他'器小',那么什么才是大器?"回答说:"大器大概就像规矩、准绳那样的吧。先管理好自己然后再管理他人,可以称之为'大器'。"又说:"以这个主题写文章,惋惜管仲的是高明见解,斥责管仲的是拙劣之笔。"
>
> 📖 扬子曰:或曰:"齐得夷吾而霸,仲尼曰'小器',请问大器?"曰:"大器其犹规矩准绳乎?先自治而后治人之谓大器。"
>
> 又云:作此题,惜管仲是高手,骂管仲是拙笔。

汤宣城

> 管仲固然是天下难得的人才,但他的器量不足以为人称道。这句话应当有所领会。
>
> 📖 汤宣城云:仲固天下才也,其器不足称也。语有领会。

张岱

> 管仲之器量虽然只像仅容一斗二升的斗筲一样小,然而依然算是器。现在连这样小的器,也没有

了。为什么呢?成才之后才能成器,现在还没有成才就被毁坏了,怎么能成器呢?

▪ 斗筲之器,管仲之器虽小之,然器也。今之材虽小,无之矣。何也?成而后器,今未成而毁之,奚其器?

《论语》原典·语乐章

子语鲁太师乐,曰:"乐其可知也:始作,翕如;从之,纯如也,皦如也,绎如也,以成。"

译文 孔子告诉鲁国的太师说:"音乐是可以知道的:刚开始起奏时,缓缓合起;逐渐跟随着众多乐器释放乐声后,纯一而和谐,如此清亮激昂,如此相续不绝,直到演奏完成而停止。"

♡ 张岱

朋友圈纵横谈(▪为原文)

张岱

墙外有人说话,墙内的人就能够知道墙外是谁。声音的道理,原本就是如此通达、微妙的。所以说"观其乐而知其德。"

孔子的一生中在韶乐中了解舜,在琴声中了解

张岱讲《论语》·八佾第三

文王,在音乐上留心谈论却只有这短短几句话,不过仅此就已经具备了孔子作为"素王"对音乐之道的领悟精髓。

　　墙外人说话,墙内人便晓得是某人某人。声音之道,原自通微如此。故曰"观其乐而知其德"。

　　孔子生平见舜于韶,见文王于琴,留心音律,只此数语,已备素王一部鼓吹。

张岱

　　古人弹奏音乐,舞蹈中所使用的盾、斧、羽毛、牦牛尾和奏乐所使用的金属乐器、石制乐器、弦类乐器、管类乐器是一起表演的。现在谈论音乐,只说声音而不讨论舞蹈,怎么回事呢?更何况舞蹈中原本也有"翕""纯""皦""绎"这些音乐的形态和节奏存在啊。

　　古人作乐,干戚羽旄与金石丝竹一齐并奏。近日言乐,但言声音而不及干羽,何也?况干羽中亦自有个"翕""纯""皦""绎"者在。

《论语》原典·木铎章

仪封人请见,曰:"君子之至于斯也,君未尝不得见也。"从者见之。出曰:"二三子何患于丧乎?天下之无道也久矣,天将以夫子为木铎。"

译文 卫邑的掌封疆之官请求与孔子见面,说:"但凡有君子到了这个地方,就未有我不曾见到的。"便跟从弟子去见了孔子。出来后,他说:"诸位何必忧虑你们的夫子失去权位呢?天下无道很久了,上天将会把你们夫子当作木铎来传道以警醒世人。"

♡ 张岱 张侗初

朋友圈纵横谈(▇为原文)

张侗初

仪封人的见解透彻千古,其见解远在长沮、桀溺、荷篠丈人之上。《传注》只是说"孔夫子得到权位并实施教化,不久之后失掉权位"。这还是就孔子在世间的遭遇来说的。仪封人说"木铎"的这句话,却是在千世万世都振聋发聩、点出关键的。当年颜回说孔子之道博大精深,所以天下不能容纳他。从国家、家族来说还是没有将关键之处说透关键,而得到仪封人这句评语,就如同雷鸣于天下了。

▇ 张侗初曰：仪封人见透千古，在沮、溺、丈人之上。《传注》只谓"夫子得位设教，不久失位"。还在世上际遇论耳。封人木铎一语，却在千万世提聋振聩，大机括点破。当日以颜之道大，莫容赐之；拟得邦家尚未说透此关，得封人一言，便如雷鸣天下。

张岱

老子出关的时候有尹喜，孔子到达卫国时有仪封人，都是他们尘世间的知己。

▇ 老子出关而有尹喜，孔子适卫而有封人，皆是风尘知己。

《论语》原典·韶武章

子谓《韶》："尽美矣，又尽善也。"谓《武》："尽美矣，未尽善也。"

译文　孔子评价《韶》乐："极尽美好，又极尽完善。"评价《武》乐："极尽美好，却未极尽完善。"

♡ 张岱

朋友圈纵横谈（为原文）

张岱

上一千年说了一个《韶》乐，下一千年说了一个《武》乐，眼光非常严格挑剔，美和善都要说到最极致，胸怀极为渊深，这是孔子的能力。如果只是从声音、容貌、世间形势上来分析，那就不免是吴国季札这一类人鉴赏音乐的语言了。

 上千载说一"韶"，下千载说一"武"，眼底甚严，美善都要说到尽处，胸中甚深，是孔子本领所在。从声容时势上疏出，未免是吴季一派赏鉴语。

张岱

舜和周武王都是孔子特别推崇的人，善和不善的差别特别细微，并不是一般俗人能够理解的。

舜是君王之道，所以箫韶九章是从黄钟起调的。周武王虽然是顺从天意顺应民心，但终究是以人臣之道自居而不敢以君王之道自居，所以从讨伐纣王的时候就以蕤宾起调。尽美而没有尽善，是说只有圣人不掩饰自己的缺点。

 舜与武王皆是孔子极得意人，善与未善，消息甚微，要非俗人所识。

舜君道，故箫韶九成从黄钟起调；武王虽顺天应人，终是以臣而不敢以君道自居，故从伐纣之岁月而以蕤宾起调。美而未善，乃不自讳之心，非圣人不能也。

《论语》原典·居上章

子曰："居上不宽，为礼不敬，临丧不哀，吾何以观之哉？"

译文　孔子说："如果一个人居于上位而不宽厚，行礼时不敬重，面临丧事没有哀戚，我又该怎么去看待他呢？"

♡ 张岱

朋友圈纵横谈（为原文）

张岱

从一个人说起，其实是为当时参与政治的人说的。没有一样是说得过去的，我用什么去考察他呢，这才懂得用一个"以"字，和"不欲观""不足观"是有区别的。

任性妄为、凶残傲慢的行为，很多人都有。居上不宽，为礼不敬，临丧不哀，这三者是相互关联的一个系列。

▋就一个人说，为当时从政者言之也。无一

而可，我更把甚么去观他，方醒得"以"字出，与"不欲观"，"不足观"有别。

恣睢暴慢，人多有之，此三者是一套生事。

里仁第四

张岱讲《论语》·里仁第四

《论语》原典·里仁章

子曰:"里仁为美。择不处仁,焉得知?"

译文　孔子说:"人能居于仁道是最美好的。所处之地不以仁为选择标准,哪里能够获得真知呢?"

♡　张岱　张侗初

朋友圈纵横谈(▨为原文)

 张侗初

不选择仁道也不坚守,是无知的人,一旦觉悟便能够转变;选择了却不坚守,是喜欢走歪门邪道的人,永远都不会回到正路上。

▨张侗初曰:不择而不处,是蚩蚩之民,一觉便转;择而不处,是好径之民,永断归路。

张岱

管仲管理国家,不允许士、农、工、商混合居住,因为混合居住的话,他们讨论的事情就会混杂,所从事的职业就会改变。这是户籍管理制度的第一有效方法。正是了解到这其中的深意,所以孟母为给孟子创造一个良好环境而三次搬家。

《四书遇》导读

> 管子经国,不许四民杂处,杂处则其言叽,其事易。此是保甲第一法。师其深意,孟母所以三迁。

《论语》原典·约乐章

子曰:"不仁者不可以久处约,不可以长处乐。仁者安仁,知者利仁。"

译文　孔子说:"不仁的人不能够长期处于穷困之中,不能够长期处于安乐之中。拥有仁的人自能安于仁道,拥有智慧的人懂得仁道的益处,便会想要获得仁道。"

♡　张岱　苏石水

朋友圈纵横谈(为原文)

张岱

> 舜吃干粮吃野菜,好像终身就会这样;披着华丽的衣服鼓琴,像本来就有这些东西一样。这就是仁者的可以"久处约"也可以"长处乐"的例子。
> 原宪居住在狭小简陋的房间,闵子骞隐居在汶上,鲁国的季文子无衣帛之妾、无食粟之马,齐国的晏子食不重肉、妾不衣帛,这都是智者既可以

"久处约"也可以"长处乐"的例子。

▌舜之饭糗茹草，若将终身，被袗鼓琴，若固有之，此仁者之久处约，长处乐也。

原宪环堵，闵子汶上，鲁之季文子，齐之晏平仲，此智者之"久处约""长处乐"也。

苏石水

人心中不因穷困而改变，也不因快乐而迷失的东西，就是仁。仁者所安心的，就是安于此；智者所利行的，就是利行于此。不是情境之外另有一个'仁'，也不是要用'仁'去驾驭情境。跟《不处不去章》合在一起看就会明白了。

▌苏石水曰：人心之约不能移，乐不能淫者，即仁也。仁者所安，安此；知者所利，利此。非境之外，别有一仁，亦非以仁去御境也。合《不处不去章》看自得。

张岱

暂时地处在困窘或者快乐的情境中是容易的，长久地身处其中，才能看出人品。

▌约乐暂处尚易，久处之，便见人品。

《论语》原典·好恶章

子曰:"惟仁者能好人,能恶人。"

译文 孔子说:"只有仁人能不带私心地喜欢别人,能公正地厌恶别人。"

♡ 张岱

朋友圈纵横谈(▇为原文)

张岱

老子说:"圣德的人善于做到人尽其才,在其眼中没有废弃的人。"现在的人看到坏人,所有的气愤、不服,都是由于自己已经先失去了仁的中正平和状态,而堕落到恶的那一边去了,还能做些什么能帮助坏人变好呢!两个"人"字也要思考清楚。喜欢善而厌弃恶是容易的;喜欢一个人或厌弃一个人是困难的,为什么呢?因为善或恶是人的已经能够确定的东西。而人本身,善或恶是不确定的。所以喜欢善而厌弃恶,平常人都能做到;喜欢人或者厌弃人,如果不是没有一点儿私心成见的仁者,恐怕是做不到的。

▇ 老子云:"常善救人,故无弃人。"今人

张岱讲《论语》·里仁第四

见恶人,一切忿恨不平,是先已失仁体,而堕于恶矣,又何能恶人之有!二"人"字亦要看。好善恶恶易;好人恶人难,何也?善恶,人之已定者也;人,善恶之未定者也。故好善恶恶,常人能之;好人恶人,非一无成心如仁者,恐不能也。

《论语》原典·志仁章

子曰:"苟志于仁矣,无恶也。"

译文　孔子说:"如果立志践行仁道,就不会去做坏事。"

♡ 张岱

朋友圈纵横谈(▭为原文)

张岱

"志",是意气的统帅。这个"志"一旦醒悟,就像是大将登上了高坛,军队都要听从他的命令,哪里还有众多欲望的纷杂烦扰呢?雪庵禅师说:"源头澄清,则所有支流都变得清澈。挑起智慧之灯,那么千山都会被照亮。儒家所说的志于仁则无恶,它的宗旨就是这样的。俗世间的邪念作祟，都是因为主人神不守舍的缘故。切记，切记。"

心就是一个空腔，想要仁，仁就会到，再也没有空隙可以容纳恶了。

■ "志"者，气之帅也。此志一提醒，如大将登坛，三军听命，更何众欲纷扰之有。雪庵上人曰："一源既澄，万流皆清。揭起慧灯，千岩不夜。孔门志仁无恶，其旨如此。尘魔作祟，皆缘主人神不守舍。念之，念之。"

心一腔耳，欲仁，仁至，更无罅子再容着恶。

《论语》原典·欲恶章

子曰："富与贵，是人之所欲也；不以其道得之，不处也。贫与贱是人之所恶也；不以其道得之，不去也。君子去仁，恶乎成名？君子无终食之间违仁，造次必于是，颠沛必于是。"

译文　孔子说："富裕和显贵，是人人都想要的，但是不以应当获得的方式获得它，君子是不能够安处于富贵的。贫穷和低贱，是人人都厌恶的，但是不以正当的方式摆脱，君子是不会去摆脱贫贱的。君子要是离开了仁道，那他有什么理由获得君子的称谓呢？君子不会在一顿饭的时间内违背自己的仁道，在急遽匆忙之时是如此，在颠沛流离之际也是如此。"

♡　张岱　汤宣城

朋友圈纵横谈（为原文）

张岱

孟子从"突然看见"来点明人的恻隐之心，现今的人见到美色就会动心，谈论到梅子就会产生唾液，这与孟子所说的"突然看见"有什么差别呢？大概是从很久远的时候开始，长时间积累的恶业非常深重，烦恼的残余成分和攀缘事物之心遇到现实的情境就会显现，所以遇到事情的第一个念头不能认清。评估、考虑祸福和道理，全都靠第二念头。"想要的""厌恶的"是第一念头，"不持守""不去除"是第二念头，是仁的本体。所以直接说"君子去仁，恶乎成名"。孟子把它看得太自然而然，中间倒是有一些回避，所以告子不相信他。

荀子的"性恶"学说，也有自己的独到见解，但不能作为教化万世的依据。

 孟子从"乍见"指点恻隐，今人见色动心，谈梅生唾，此与"乍见"何异？大抵无始以来，积业深重，习气缘心，触境便见，第一念认真不得。顾盼祸福，商略道理，全靠第二念头。"所欲""所恶"是初念，"不处""不去"是转念，是仁体。故径接"君子去仁，恶乎成名"？孟子或看得自然，中间倒有躲闪，所以告子信他不过。

> 荀子"性恶"之说，亦自有见第，不可以之立教万世耳。

汤霍林

> 富贵贫贱都各有各的仓促急迫之时、颠沛流离之际，在"不持守"和"不去除"之外，再也没有"不违背仁"的地方可说了。
>
> 📖 汤霍林曰：富贵贫贱各有造次颠沛，不处不去外，别无不违仁。

陈伯玉

> 富贵贫贱，不过都是仁中的一个影像罢了，高台上的巢父和许由（二位皆为品行高洁的隐逸之士），怎么会是站在坐榻边的卫士呢？
>
> 📖 陈伯玉云：富贵贫贱，并仁中一影，高台巢许，岂是床头捉刀人？

袁了凡

> 贫贱之时想到了去做不道义的事情，这就是恶的种子；打破这个关卡，对学道之人是真正有用的。
>
> 📖 袁了凡曰：贫贱中见有非道，便是恶的种子；打破此关，是学道人真实受用。

《论语》原典·未见章

子曰:"我未见好仁者,恶不仁者。好仁者,无以尚之;恶不仁者,其为仁矣,不使不仁者加乎其身。有能一日用其力于仁矣乎?我未见力不足者。盖有之矣,我未之见也。"

译文 孔子说:"我从未见过喜好仁的人,厌恶不仁的人。喜好仁的人,没有比这更好的了;厌恶不仁的人,他在行仁之时,不让不仁之事发生在自己身上。有没有能够一整天都致力于仁道上的人呢?我没有见过力量不够的人。大概是有吧,但我从没见过。"

♡ 张岱　汤霍林

朋友圈纵横谈（▮为原文）

汤霍林

从"好仁者"到句末,表达的是一个完整的意思。"无以尚""不使加"是需要下功夫的地方。人只要用力气,力气便是足够的,但我没有见过愿意用力气的人,所以说"我未见好仁、恶不仁者"。周延儒(字玉绳)的《四书主意心得解》第一卷便是依据于此。

▮ 汤霍林谓:自"好仁者"至末,俱一气说。"无以尚","不使加",便是用力处。用力便力足。我未见用力者,故"我未见好仁、恶不仁者"。周玉绳元卷本此。

张岱

> 如果人真厌弃恶臭、坏掉的肉、腐烂的骨骼，那就绝对不会让它们出现在自己身上。
>
> ▇ 如人真恶恶臭、败肉、腐骼，断然不使之加于身体。

 袁了凡

> 不使不仁之事出现在自己身上，就如同瓶子里的水已经满了，那么其他的水自然就灌不进来了。俨然就像是瓶中装满的水阻止了其他的水，不让它们灌进来一样。
>
> ▇ 袁了凡曰：不使加身，如瓶水既满，则他水自不能灌。分明是瓶中满水拒之，不使灌进一般。

《论语》原典·观过章

子曰："人之过也，各于其党。观过，斯知仁矣。"

译文 孔子说："人的过失，各分其类。观察过失之处，一个人是否有仁就可以知道了。"

♡ 张岱 苏东坡

张岱讲《论语》·里仁第四

朋友圈纵横谈（▮为原文）

苏东坡

> 《礼记》中说："与仁者有同样的功绩，并不一定就可以知道他的仁德；与仁者有同样的过错，然后就可以知道他的仁德。"这就是《论语》中这句话的注解啊。古人有这样一句话："违抗命令放走了幼鹿的人，可以推测他的仁德是足以托付国家的，"这是否就是观察他的过失而知道他的仁德呢？
>
> ▮东坡云：《记》曰："与仁同功，其仁未可知也；与仁同过，然后其仁可知也。"此《论语》之义疏也。古人有言曰："放麑违命也，推其仁可以托国，"斯其观过知仁也与？

《论语》原典·闻道章

子曰："朝闻道，夕死可矣。"

译文　孔子说："如果早上能够听闻大道，那么即便晚上就死了也没有什么遗憾。"

♡　张岱　宋羽皇

朋友圈纵横谈（为原文）

张岱

朝夕只是假设来说。体味"可矣"这句话的意思，不但不可以活着，就连死也不可以。这句话只应该在"闻道"这个意义上理解，不必在生死上分析。

 朝夕只是设言。味"可矣"语意，若不闻道，不但不可生，便死也死不得。只该在闻道上理会，不须在生死上更作商量。

宋羽皇

不说"看见道"，而是说"听闻道"，最是巧妙。"闻"字，是一个"门"加一个"耳"，就像是人听到自己家里说的话，每句都能听进耳内、领会于心。已经到了自己家中，就算死了也是可以的。

 宋羽皇曰：不曰"见道"，而曰"闻道"，最妙。"闻"字从门从耳，如人听自己家里话，句句会心，语语入耳；已到家里，就死也得。

张岱

既然说"朝闻道,夕死可矣",那为什么孔子又说"再给我几年时间"呢?难道是他五十岁的时候,还没有听闻大道吗?这里还请给一句让人豁然开朗的机锋转语。

 "朝闻道,夕死可矣"。何以孔子又欲"加我数年"?岂五十之时,尚未闻道耶?于此请下转语。

《论语》原典·志道章

子曰:"士志于道,而耻恶衣恶食者,未足与议也。"

译文 孔子说:"一个士有志向于道,却以衣食不好为羞耻,就不足以与他议论交流了。"

♡ 张岱 王龙溪

朋友圈纵横谈(为原文)

 王龙溪

容易沉溺的人,难以忘记世俗之心的人,他们的习气、成见不能去除干净,就如同是在干净的容器中留下肮脏浑浊的东西，即使再往里面倒甜美的甘露，也会变成脏水。

> 王龙溪曰：易溺者，凡心难忘者，习见扫除不净，如留污浊于净器中，虽投以甘露，亦化为恶水。

张岱

这一关如果容易打破，穿着破烂的乱絮棉袍而泰然自若，又何必推逊子路呢？

士人应当以没有听闻大道为耻，只有当他心中不以这为耻的时候，才会以外在的衣食为耻，才会将自己的追求集中在温饱上。圣人简直不愿意与这种人谈话，可耻极了。"不值得跟他谈话"，正是为了激起他的羞耻之心。

> 此关容易打破，衣敝缊袍，何必推逊子路？
> 士耻不闻道，惟其中无耻，所以外耻衣食，便志在温饱。此等人圣人直不与之接谈，可耻之甚。"未足与议"，正激之使知耻也。

《论语》原典·比义章

子曰："君子之于天下也，无适也，无莫也，义之与比。"

张岱讲《论语》·里仁第四

译文 孔子说:"君子对于天下事,没有一定赞同的,也没有一定反对的,只跟从义的标准。"

♡ 张岱

朋友圈纵横谈(▮ 为原文)

张岱

"义"就像水一样,拿着瓶盎(一种容器,腹大口小)在河里装水,容器满了就不能再装了。"适"或"莫"的成见,就像是瓶盎已经满了,装满就已经罢了,哪里能反映出大河大海的样子呢?

普通人心中有成见,不知道坏了天下多少事情。

王安石一生的观念、一生的学问、一生的事业,都只是做到了"适""莫"两个字。宋哲宗这一朝,禁不住他的偏执任性。

▮ "义"犹水也,操瓶盎而挹于河,器先满而勿之受矣。"适""莫"之见,瓶盎之满也,有覆没焉已矣,何以与于河海之观?

凡人胸有成见,不知坏了天下多少事体。

王荆公一生意见,一生学问,一生事业,只做得"适""莫"二字。元祐一朝,当他执拗不起。

145

《论语》原典·怀德章

子曰:"君子怀德,小人怀土;君子怀刑,小人怀惠。"

译文 孔子说:"君子心怀高尚的德性,小人心怀安逸的乡土;君子心怀法度,小人心怀恩惠。"

♡ 张岱

朋友圈纵横谈(▰ 为原文)

张岱

> "惠"字和"利"字是有区别的,说出了小人之间相互谋利相互提携的想法。对于一丘一壑的眷恋,对于私人小恩小惠的报答,都是所谓关于"土"和"惠"的私心。对于这种小人不可掉以轻心。
>
> ▰ "惠"字与"利"字有别,道破小人相沤相沫的念头。一丘一壑之恋,私恩小惠之酬,皆是"土""惠"私心。这小人不要轻觑了他。

《论语》原典·放利章

子曰:"放于利而行,多怨。"

张岱讲《论语》·里仁第四

译文　孔子说："放任自己依照利益去行动，会招致很多怨恨。"

♡　张岱　徐子卿

朋友圈纵横谈（▰ 为原文）

徐子卿

　　"利"，是与道义和合一致的，但是其五行之性属"金"，是侧重于杀伐、切断的。"放"就是"放乎四海"之"放"的意思，到一定的边界，就会收敛、停止，这才是能够回归本源的能力。如果放任它遍及所有的地方，即使能救济人们脱离苦痛，终究也会招致怨恨。譬如，当年归顺周文王的人天下有三分之二，文王怎么会不知道要赶快救百姓于水火呢，但是他却能够按捺得住这份心。周武王去做了这件事，然后就不可避免地发生了伯夷、叔齐不食周粟而饿死在首阳山下的事情。这才是怨恨，是招致较多怨恨。这是从修行很好的地方挑出一点儿不好的地方来说的。如果按以前的说法指的是小到市井小人、大到奸贼强盗，哪里值得玷污人的牙齿口舌来一说呢？

　　用坚固的铁来做门轴，鬼神也会拍手赞同。如果只按照利益来便宜行事，虽然能够得到一时好处,又哪能受用终身呢?

▇ 徐子卿曰:"利"者,义之和也,但其德为金,主于断割,"放"如放乎四海之"放",到这所在,会收会止,才是还原手段。若放之而行,便使于世界,广大济度,终不能无怨。如文王三分有二,岂不晓亟亟救民水火,却停捺得住。武王行之,遂不免有首阳之歌,这才是怨,才是多怨。盖从欢喜道场,指其中一点消不去处而言之也。若如旧说,不过小如市侩,大则奸盗,亦何足污人之齿颊哉!

铁作户枢,鬼神拍手。世间讨便宜事,何便得你终身受用。

《论语》原典·礼让章

子曰:"能以礼让为国乎,何有?不能以礼让为国,如礼何?"

译文 孔子说:"若能用礼让来治理国家,那还有什么困难呢?若不能用礼让来治理国家,那又把礼怎么办呢?"

♡ 张岱 张侗初

朋友圈纵横谈（ ▊ 为原文）

张侗初

孔子向老子请教"礼"，老子说："祛除你身上的骄傲之气和过度的仪态。"骄傲之气、过度的仪态，都是礼节太多而增添出来的。真正的礼节，就是阴阳平衡的最初之气，不骄纵不过分，这是老子对礼的简练论说。后人以为这是在劝谏、贬斥孔子，其实并非这样。

▊ 张侗初曰：孔子问礼于老聃，老子曰："去子骄气与子淫态。"骄气、淫态，都是节文太多处添出来。真正节文，便是太和元气，不骄不淫，此是老子精言礼处。后人以为箴砭尼父，则非也。

《论语》原典·立位章

子曰："不患无位，患所以立。不患莫己知，求为可知也。"

译文　孔子说："不要担心没有地位，应该担心自己拿什么在这个地位上自处。不要担心自己不被知道，应该追求能够让自己被人知道的东西。"

♡ 张岱

朋友圈纵横谈（▮ 为原文）

张岱

"位"不专指富有和尊贵，从贫穷、低贱、忧患、磨难、夷狄开始，到处都需要按照自己的地位行动，所以对于靠什么来使自己符合自己的地位，不可以有片刻不知道。"知"不专门指名誉，从天地之间到卧室被窝，每一处都要保持着自己内心的清醒，所以想要让大家知道的人，一刻也不能稍有懈怠。

▮ "位"不专属富贵，自贫贱患难夷狄，到处皆还吾素，故所以立位者，一时不可无主。"知"不专属名誉，自天地屋漏衾影，随处皆操吾鉴，故所以求知者，一刻不容少弛。

《论语》原典·一贯章

子曰："参乎！吾道一以贯之。"曾子曰："唯。"子出，门人问曰："何谓也？"曾子曰："夫子之道，忠恕而已矣。"

译文　孔子说："曾参啊！我的道是有一个根本贯穿始终的。"曾子说："是。"孔子出去，门人问曾子说："这是什么意思？"曾子说："夫子的道，不过就是忠（尽己）和恕（推己）罢了。"

♡ 张岱　王世贞　吴雪崖

朋友圈纵横谈（为原文）

张岱

曾子到这个时候，已经疑惑尽解了。别人看"一贯"就只是"一贯"，"忠恕"就只是"忠恕"，哪里敢说"而已矣"？孟子说"不过是孝悌罢了"，都是已经透彻的话。

儒家传授道统的说法，是宋代的儒者模仿佛教的传承衣钵的说法而提出来的，以前本来是没有的。曾子根据具体的事件来践行修行功夫，子夏则拘泥于博学多闻，所以告诉他们要"一以贯之"。如果说是秘密传授，为什么不传给颜回呢？如果说传授道时要慎重选择弟子，那么子夏的后学，为什么变成庄子这类人？人的性情不同，得道也没有固定的方法。"忠恕"两个字，也只是列出对自己很有效并且弟子比较容易明白的方法罢了。这两个字一直以来被当作是学道的关键，近来也有许多人执着于此，这其实都不是正解正见。

天下能够力行忠恕的人，哪里行不通呢？曾子切实看到了这一点，就像是吃饱了之后，又给了弟子一碗饭让他们自己去吃，但就是吃饱后的状态情形，弟子们竟然说不出来。

曾子说的这一个"唯"字，就像是当年曹植第一次遇到洛神，这个时候是一句话也说不出来的。

后来曾子说"忠"说"恕",只能是相当于曹植后来所作《洛神赋》。@黄龙禅师说:"过关的人,甩手直接走过,哪里知道有把手关口的官吏?询问关吏能不能过,这就是没能参透关隘的人。"

■曾子到此,疑根尽斩矣。他人看"一贯"是"一贯","忠恕"是"忠恕",何敢说"而已矣"?孟子说"孝弟而已矣"。俱是到家语。

传道之说,宋儒仿禅家衣钵而为之,孔门无此也。曾子随事用功,子夏泥于多学,故语以"一贯"。若云秘传,何不以语颜子?若曰道慎其所接,子夏之后,何以流为庄周?根性各别,道体无方。"忠恕"二字,亦举己所得力及门人所易晓。向来认作机锋,近来纷纷执着,皆属边见。

看来天下忠恕之人,何处通不去。曾子实见到此,亦是既饱之后,把一碗饭与门人吃,只是饱后光景,门人竟说不出也。

曾氏一"唯",便如陈王初遇洛神,此时正着一语不得。后来说"忠"、说"恕",只作得个《洛神赋》耳。黄龙师曰:"过关者,掉臂径去,安知有关吏?从关吏问过否,此未透关者也。"

王弇州

孔夫子说:"参乎,吾道一以贯之。"曾子回答说:"唯。"与孔子不同,所以是曾子。"夫子

张岱讲《论语》·里仁第四

之道，忠恕而已矣。"与孔子相似，所以是曾子。子贡"疑"，所以孔子的宗旨得到了些许彰显；曾子"唯"，而孔子的宗旨没有能够完全展现。唉！

▌王弇州曰：夫子曰："参乎，吾道一以贯之。"曾子曰："唯。"以非故曾子也。"夫子之道，忠恕而已矣。"犹之乎故曾子也。子贡"疑"，而夫子之旨微彰；曾子"唯"，而夫子之旨有所未竟矣。噫！

张岱

曾子一生最得力的就是一个"诚"字。"忠恕"只是"诚"的别称。感通豚鱼，贯通金石，只有"诚"这个字才做得到（明代卓发之《上叶曾城师书》有"因思天下精诚之极，可以贯金石，孚豚鱼"语）。

▌曾子一生得力止一"诚"字。"忠恕"是"诚"的表德。格豚鱼，贯金石，只有"诚"字担当得起。

 吴雪崖

年高有道的高僧说数十年的修行体悟贯通为一体，曾子生平的学问，到此也算是杂念消融、归于本心了。

▨ 吴雪崖曰：古德谓数十年来打成一片，曾子平昔学问，至此销归。

《论语》原典·喻义章

子曰："君子喻于义，小人喻于利。"

译文　孔子说："同一件事，君子通晓其中之义，小人通晓其中之利。"

♡ 张岱　朱熹　张栻

朋友圈纵横谈（▨ 为原文）

朱熹

了解义，了解利，就是同一件事情上君子看到的是"义"，小人看到的是"利"。就像伯夷看到饴糖会说："可以奉养老人。"盗跖看到饴糖则会说："可以用来润滑门轴，以免进门偷东西发出声响被人发现。"

▨ 朱子云：喻义，喻利，只是这一事上君子见得是"义"，小人见得是"利"。如伯夷见饴曰："可以养老。"盗跖见之曰："可沃户枢。"

张南轩

"学"应当最先弄清楚"义"和"利"的区别。"义"就是按照良知本心应当去做的,不是为了有所作为而去做。为了有所作为而去做的,都是人的私欲,而不是公正无私之天理。

📖 南轩先生曰:学莫先于"义""利"之辨。"义"者,本心之当为,非有而为之也,有为而为,则皆人欲,非天理矣。

 张岱

就像喝水一样,冷暖自己自然清楚。就像挠背一样,痛痒自己自然能感受到。"喻"字的意思,可以参考他们。

📖 如人饮水,冷暖自知。如人搔背,痛痒自觉。"喻"字之义,于此可参。

《论语》原典·思齐章

子曰:"见贤思齐焉,见不贤而内自省也。"

译文 孔子说:"见到贤德的人就要思虑着向他看齐,见到不够贤德的人就向内反省自身。"

♡ 张岱　沈无回

《四书遇》导读

朋友圈纵横谈（▰为原文）

 沈无回

> 没有见到贤人之前，就无时不在寻找了，所以一见到便能够为我所用。不然的话，什么样的人见不到，为什么见到的不都是有益的呢？
>
> ▰ 沈无回曰：要知未见之先，无时不在那里搜索，所以一见便收为我用。不然，何人不见，何以见不皆益？

《论语》原典·几谏章

子曰："事父母几谏，见志不从，又敬不违，劳而不怨。"

译文　孔子说："侍奉父母要委婉地直接指出他们的过失。若是发现他们不遵从我们的意愿，继续恭敬孝顺，不违背他们，待他们心情愉快，再向他们进谏。如此这般操心忧劳，也不对父母心生怨念。"

♡ 张岱

朋友圈纵横谈（为原文）

张岱

> "几谏"就是"敬",看"又敬"两个字就可以知道了。
> 舜敬重、谨慎、恐惧的样子,正是瞽叟(舜的父亲)得到欢乐的根本。
> ▌"几谏"只是一个"敬"字,观"又敬"二字可知已。
> 夔夔斋栗,政是瞽叟底豫的根本。

《论语》原典·远游章

子曰:"父母在,不远游,游必有方。"

译文　孔子说:"父母尚在,不作远行。若不得已要远行,也要告诉父母自己所在的地方。"

♡　张岱

朋友圈纵横谈（▇为原文）

张岱

> 王孙贾的母亲对他说："你早上出门晚上回来，我就倚着家门向外张望等你回来；你晚上出门而不回来，我就倚着巷子的门向外张望等你回来。"这就是母子之间至诚的情感。孔夫子说的这句话，也就是这个意思。
>
> 刺客之类的人还知道有老母亲健在，不敢将自己的身家性命许诺给自己的朋友，更何况是我们这样的人呢？曾子的母亲因思念他而咬自己的手臂，曾子即刻就感知到了。作为子女怎么能够远离呢？
>
> ▇ 王孙贾母曰："汝朝出而晚来，吾倚门而望汝；暮出而不还，吾倚闾而望。"自是母子至情。夫子之言，只是此意。
>
> 刺客之流犹知有老母在，未敢以身许其友，何况我辈？曾母啮臂，曾参即知。为人子者岂可远离？

《论语》原典·喜惧章

子曰："父母之年，不可不知也。一则以喜，一则以惧。"

译文　孔子说："父母的年龄，不可以不知道啊。一方面是开心他们的长寿,一方面是忧虑他们时日无多。"

♡ 张岱

朋友圈纵横谈(▇为原文)

张岱

知道年岁,不是数父母的年龄,也不仅仅是惊叹年岁的增加而已。人由健壮到衰老,皮肤、毛发、脸颊、眼睛,时时刻刻都在变化。子女要在无形无声之处有所发现,就应当观察它们在瞬间悄悄改变的地方。两个"一则",是内心真实的情感萦绕时,爱意敬意都在这里面了,不能直接就说担忧恐惧。

树想要安静下来而风不停止,子女想要赡养父母而父母却不在了。子女为父母的年龄忧虑或欢喜,又能有多久呢?

▇知年,不是数其年,亦不是惊其岁月之增而已。人由壮而老,肤发面目,刻刻变化。人子视无形,听无声,须察其瞬息密换处。两"一则",是衷肠萦回及时,爱敬即在其中,不得径说忧惧。

树欲静而风不宁,子欲养而亲不在。忧喜亲年,能得几时?

《四书遇》导读

《论语》原典·耻躬章

子曰:"古者言之不出,耻躬之不逮也。"

译文　孔子说:"古代的人,不肯轻易出言,一旦自己的行为赶不上就感到羞耻。"

♡　张岱　黄贞父

朋友圈纵横谈(▇为原文)

张岱

　　"躬"这个字是非常精妙的。做所有的事情都必须要实实在在,要真正用手去拿,用脚去行,用耳朵去听,用眼睛去看,是个实实在在的事情。哪能心里想到嘴里就说出来,说出来之后就丢弃在一边呢?所以说"古者言之不出"。

　　▇"躬"字甚妙。做天下事须实。实要手持,足行,耳听,目视,是个滞货。岂如口之想到便说,说便丢耶?故"古者言之不出。"

 黄贞父

　　说"言之不出",不是说不让说话。写文作论的人要明白这个道理。

张岱讲《论语》·里仁第四

> ▊ 黄贞父曰:要说"言之不出",非是不出言。作者要知此理。

《论语》原典·以约章

子曰:"以约失之者鲜矣。"

译文　孔子说:"因为约束自身而产生的过失是很少的。"

　　♡　张岱　韩求仲

朋友圈纵横谈（▊为原文）

张岱

　　"约"字是浅显的说法。老子说:"治理百姓、修养身心没有比爱惜精神更有用的了。"简省俗缘、世事,过失自然就会变少。这是实实在在的道理。至于王阳明发挥的寻求丢失的本心的学说,已是一个完整彻底的修养功夫,又何止于很少有过失呢?少管一件事情,少说一句话,到了夜里进行反思,是多么有用啊。

　　▊ "约"字浅浅说。老子曰:"治人事天莫如啬。"简缘省事,其失自少。此是实理。若以阳明

> 作求放心说，则是彻首彻尾功夫，岂止鲜失乎？少管一件事，少说一句话，清夜思之，何等受用。

韩求仲

> 邵雍说："君子行善，也必须根据自身的能力去做。"这句话最为精妙。所以不但小聪明小手段不能用，就算是真正的聪明也要有所节制，这就是"约"的意思。
>
> 韩求仲曰：尧夫云："君子为善，亦须量力而行之。"此语最妙。故不但私小伎俩不可用，即真正聪明亦要收敛，此"约"字之解。

《论语》原典·欲讷章

子曰："君子欲讷于言而敏于行。"

译文　孔子说："君子常想说话迟钝一点，做事敏捷一点。"

♡　张岱　周季侯

朋友圈纵横谈（为原文）

周季侯

仅仅以言语谨慎、行为勤勉来看君子，并不能将君子看得透彻。要看到君子在说话、行动之前，就已经有一种深远的、敏锐的想法存在于心，没有任何时候会将其放下，矫正轻浮、警醒怠惰，不是从言语行动中得到的，而是从这种想法中得来的。要明白"欲"的意思，从这种想法说起才正确。

周季侯曰：以谨言勉行窥君子，犹未足尽君子也。惟窥君子于言行之前，自有一段渊然锐然之思，无一时放下，矫轻警惰，不得之言行，而先得之此心。要想出"欲"字意思，说起才是。

张岱

就像母鸡孵蛋、龙守护着龙珠一样，是有一种精神环绕在鸡蛋、龙珠之外的。

如鸡抱卵，如龙护珠，自有一段精神萦系于珠卵之外。

《论语》原典·有邻章

子曰:"德不孤,必有邻。"

译文　孔子说:"任何一种美好的品德都不是单独的,一定伴随着其他的美德。"

♡　张岱　杨复所

朋友圈纵横谈(▮为原文)

杨复所

现在解释《论语》的人都将这句话理解成"有德行的人不会孤独,一定会有追随者"了。他们不知道孔子说"德不孤,必有邻",就是说拥有了一种美德而其他美德也会到来,是劝勉人们提高品德修养的话儿。

▮杨复所曰:今之解者都作"有德者不孤,必有邻"看了。不知夫子原说"德不孤,必有邻"也,犹言一善立而众善至也。是劝人进德语。

《论语》原典·君友章

子游曰:"事君数,斯辱矣;朋友数,斯疏矣。"

译文 子游说:"侍奉君主数落对方,便会遭受耻辱;交往朋友数落对方,便会与朋友疏远。"

♡ 张岱

朋友圈纵横谈(▨为原文)

张岱

"疏""辱"不一定要说到"君""友"上去,至于"数"则是说彼此之间,已经没有丝毫的余地了。道路狭窄,自己都已经没有站立的地方了,怎么能使别人回头转身呢?这种形势下就必然会出现"疏"和"辱"了。@陆贽也说:大臣拟定的上书草稿在销毁之后(古时大臣上书封事草定奏稿,成辄销毁,以示慎密),来到皇帝面前,话只能说一半,哪里有数落对方而招致屈辱的道理呢?如果要招致屈辱,只是一言不合就担待不起了。富家子弟请塾师,哪里能够当面数落对方的过失呢?

劝告别人,要为自己留有余地,也要给别人留有出路,不要逼迫太紧,才使人能够有回头的余地。到了悬崖边才勒马,哪里容易收住缰绳呢?

▰ "疏""辱"不必说到"君""友"上,至于"数"则彼己之间,已无一毫余味。径路逼窄,己且无站脚处,安能使人回转?其势亦不得不出于"疏""辱"矣。陆贽亦云:人臣削草至陛下之前,只道得一半,岂有数谏而辱之理?如要辱者,只是一语枘凿便担带不去。富家子请西宾,岂可面数耶?

忠告人者,要使我有余地,要使人有去路,放松一着,使人方可回头。临崖勒马,怎好收缰?

公冶长第五

《论语》原典·公冶章

子谓公冶长："可妻也,虽在缧绁之中,非其罪也。"以其子妻之。子谓南容："邦有道,不废;邦无道,免于刑戮。"以其兄之子妻之。

译文　孔子说公冶长:"可把女儿嫁给他啊。虽然他曾经下过牢狱,但不是他的罪过啊!"于是把自己的女儿嫁给了他。孔子又说南容:"国家有道,他就会被任用;国家无道,他也可以免于刑法的杀戮。"于是把自己的侄女嫁给了他。

♡ 张岱

朋友圈纵横谈（▯为原文）

张岱

"缧绁"不足以成为妨害,而"刑戮"又是能够避免比较好,圣人究竟是怎样权衡一个人的呢?学道之人明白这个问题,就可以得到安身立命的法门。圣人选择女婿,并不是不需要保全自己的性命、保全妻子儿女。然而如果只是依据正理而不是行迹,不仅下过监狱和免于刑罚的人都可以嫁女,即便是被杀的两位忠臣龙逢、比干这样的人也是可以的。

▯ "缧绁"不足为伤,而"刑戮"又所宜免,

> 圣人之权衡人也何如？学者省此，可得立身法。圣人择婿，未始不要保身、保妻子。然只论理不论迹，至于缧绁、免戮并妻，虽妻龙逢、比干可也。

张岱

南宫敬叔（南容），是三桓的族亲，以公卿之族亲的身份而入朝为官，或者去做家臣，譬如做家宰、马正等官职，这类的记载在《左传》之中非常多，所以说"不废"，这与后世的做官、拥有财富地位、考取功名的人是很不一样的。

📖 南宫敬叔，三桓之族也，以公族而升于公朝，或用于私家，如为宰、为马正之类见于《左传》者多矣，故曰"不废"，与后世出仕富贵功名者颇异。

《论语》原典·子贱章

子谓子贱："君子哉若人！鲁无君子者，斯焉取斯？"

译文 孔子评价子贱说："这个人真是个君子啊！鲁国要是没有君子的话，他又是从哪里学到的美好品德呢？"

♡ 张岱

朋友圈纵横谈（为原文）

张岱

这原本是孔夫子对子贱的绝妙赞美之辞,和称赞颜回的"非助""如愚"是一样的。如果改变一种说法,只是说他能够获得这样美好的品德,又有什么意思呢?

此原是夫子绝妙赞辞,与赞"非助"、赞"如愚"一样。若拘转题面,一味能取,有何意味?

张岱

子贱在单父县做地方长官,像对父亲一样对待的有三人,像对兄长一样对待的有五人,朋友十一人,都教给了子贱管理人民的方法。用礼乐来教化管理人民,人民都不忍心欺骗他。

孔子问子贱:"自从你为官以来,得到了什么?失去了什么?"子贱回答:"自从为官以来,没有失去什么,而得到的东西有三种:刚开始只是诵读经文,现在可以去践行它了,使得学问更加昌明了;为官所得到的俸禄,供养家人以及亲戚,使得亲情更加深厚了;虽然有公事在身,但依然能够兼顾吊祭死者、看望病人,使得友情更加坚固了。"孔子长叹道："这个人真是君子啊！如果鲁国没有君子的话，那么子贱的品德是从哪里学到的呢？"

▌子贱宰单父，父事者三人，兄事者五人，所友者十一人，皆教子贱以治人之道。鸣琴而治，民不忍欺。

孔子问子贱曰："自汝之仕，何得？何亡？"子贱曰："自来仕无所亡，有所得者三，始诵之，今得而行之，是学益明也；俸禄所共，被及亲戚，是骨肉益亲也；虽有公事，而兼以吊死问疾，是朋友笃也。"孔子喟然曰："君子哉若人，鲁无君子者，则子贱焉取此？"

《论语》原典·瑚琏章

子贡问曰："赐也何如？"子曰："女，器也。"曰："何器也。"曰："瑚琏也"。

译文　子贡问孔子："我怎么样呀？"孔子说："你，是一件有用的器物。"子贡说："什么器物呀？"孔子说："放在宗庙里盛黍稷的瑚琏。"

♡　张岱　吴长卿

朋友圈纵横谈（为原文）

张岱

@晋代的羊孚说：以瑚琏之器作喻，所以可以接引神明。不是给世人享用的而是用来献祭神明的，应该是有敲响警钟的意思吧。孔子后来用骍角来比喻仲弓，意思也是很明确的。

晋羊孚曰：器举瑚琏，故当以接神。夫不为世飨而以羞神，其有擎磬之思乎！他日喻仲弓，亦曰骍角，意何识也。

吴长卿

夏代的祭祀之器称为"瑚"，商代的称为"琏"，周代的称为"簠簋"，孔子不说"簠簋"而说"瑚琏"，已经是在深深感慨子贡不为当时之世所用了。

吴长卿云：夏曰"瑚"，商曰"琏"，周曰"簠簋"，夫子不曰"簠簋"而曰"瑚琏"，已深慨赐之不为世用。

《四书遇》导读

《论语》原典·仁佞章

或曰:"雍也仁而不佞。"子曰:"焉用佞?御人以口给,屡憎于人。不知其仁,焉用佞?"

译文　有人说:"雍这个人是仁人,但是没什么口才。"孔子说:"哪里一定要有好口才?专门用一张利口来应对别人,只会经常惹人厌憎。我不知道雍是否是仁人,但哪里是一定要口才好啊?"

♡　张岱

朋友圈纵横谈(▇为原文)

张岱

> 　　言过其实、夸夸其谈的人,无非就是为了取悦世人,孔子反而说他"屡憎于人",把他那种耸着肩膀露出谄媚笑容、装出感情深厚的样子,看得如同嚼蜡一样淡而无味、非常可耻。这正是为了唤醒他内心中的良知。这也正是孔子善于谈论"仁"的地方。
>
> 　　▇便佞之人,无非欲取悦当世,夫子反说他"屡憎于人",把他胁肩谄笑,一往深情,淡如嚼蜡,何等可耻。此政是唤醒他良心。此政是夫子精于言仁处。

《论语》原典·信斯章

子使漆雕开仕。对曰:"吾斯之未能信。"子说。

译文 孔子想让漆雕开去当官,漆雕开回答说:"我对此事还没有自信。"孔子很高兴。

♡ 张岱 周海门 张侗初

朋友圈纵横谈(▓为原文)

张岱

@邓文洁在南京的国子监考核举子的学业时,对他们说:"斯"字就是对"仕"而言的,"信"就是"有诸已之谓信"的"信"字,有了这种入仕的能力,才值得相信。

▓ 邓文洁南雍课士谓多士曰:"斯"字即指"仕"说,"信"即"有诸已之谓信"之"信"字,盖有这仕的本领,方才信得过也。

周海门

漆雕开在孔子门下,完全没有问答的记录。如果不是孔子让他去出仕,那么这句话也不会说出来,这是真正的潜心修行、默默印证的学问之道。

"斯"原本就不在于用言语表达出来,而在于自己相信而已。孔子称赞颜渊"惟我与尔有是夫"中的"是"字,就是这个"斯"字的意思,"用之则行",不需要等到别人来驱使。现今的科举应试文章纠缠在"斯"字上,就是将这句话原本的意思掩盖了。

> 周海门曰:漆雕开在圣门,全无问答。非夫子使之,则此语亦不吐露,真潜修默证之学也。"斯"原不在话说,在自信而已。夫子许颜渊"惟我与尔有是夫,""是"字即"斯"字,"用之则行",不待使矣。时文缠绕"斯"字,遂将面目埋没。

张岱

现在的人出仕或者在家都不认真用心,只是因为心中的修炼功夫不纯熟。心中有一分,便只做这一分,没有什么可以侥幸的地方,不用一句话就明白伊尹、管仲、诸葛亮抱膝而坐、抬眉举目时的心事。

漆雕开字子若,蔡国人。还有一种说法是鲁国人。学习《尚书》,不热衷于为官。孔子说:"你的年龄可以去出仕了。"漆雕开手拿着《尚书》说:"我对这个还没有自信啊。"孔子听了很喜悦。

> 今人出处草草,只为闲中打点不熟。有这一分,只做这一分,无可侥幸,未能一语恍见伊衡管

葛抱膝盱衡一片心事。

漆雕开字子若,蔡人。一曰鲁人。开习《尚书》,不乐仕。孔子曰:"子之齿可以仕矣。"子若执其书曰:"吾斯之未能信。"孔子悦。

张侗初

圣人贤者为世所用,大多时候需要自己拿得出来东西,如果自己心中信不过,就拿不出来。子路的言而有信、子贡的通达、冉有的多才多艺,都是随手就可以使用、随口就可以作答,是真正自信的东西。漆雕开被孔子一问,就说出真心话来,这是做学问的真正开始,孔子怎么能不欢喜呢?白子受颂曰:"内心深处安静地揣摩思考的时候,自己的感受、领悟是自己清楚的,如果真的将这些东西向别人说起,就会被那些外表光鲜内心含混的儒者讥笑。"学习者不需要在"斯"字和"信"字上勉强解释。

张侗初曰:圣贤用世,多要自己拿得出来,信不过,便拿不出。由之果,赐之达,求之艺,信手便用,随口便答,此是真信处。漆雕开被圣人一逼,便说出真话来,此是学问真种子,圣人如何不悦?白子受颂曰:"心地寥寥揣扪时,自家痛痒自家知。真将痛痒从人说,笑杀含糊体面儒。"学者不消在"斯"字"信"字上强解。

张岱

> 《通志》说：古代有位晋国的宰相叫漆沈，就是漆雕开。
>
> 📖 《通志》云：古有漆沈为晋相，即漆雕开。

《论语》原典·浮海章

子曰："道不行，乘桴浮于海。从我者，其由与！"子路闻之喜。子曰："由也好勇过我，无所取材。"

译文　孔子说："道无法在世间施行，我想乘坐木筏，漂浮到海外去，能跟随我的人大概只有子路吧？"子路听到之后很高兴。孔子说："子路比我更加勇于行义，却不能裁夺辨别事理。"

♡　张岱

朋友圈纵横谈（📖 为原文）

张岱

> 把这道题和《归与章》相互参看，"取材"两个字是恰恰相符合的。
>
> "浮海""居夷"都是孔子寄托之言，聊以寄托没有根据的想法。子路一高兴，有人一过问，反

而弄成了死板的事情。

将此题与《归与章》参看,"取材"二字恰合。

"浮海""居夷"是孔子寓言,聊志无聊之思耳。子路一喜,或人一问,反弄得死煞。

《论语》原典·武伯章

孟武伯问:"子路仁乎?"子曰:"不知也。"又问。子曰:"由也,千乘之国,可使治其赋也,不知其仁也。""求也何如?"子曰:"求也,千室之邑,百乘之家,可使为之宰也,不知其仁也。""赤也何如?"子曰:"赤也,束带立于朝,可使与宾客言也,不知其仁也。"

译文 孟武伯问孔子:"子路这个人是否仁?"孔子说:"不知道。"孟武伯再问。孔子说:"子路啊,拥有千乘马车的国家,可以派遣他去治理军事,至于他的仁德,就不知道了。"孟武伯又问:"那冉有怎么样呢?"孔子说:"冉求啊,一个千户的大邑,百辆兵车的国家,可以派遣他去成为家臣,总管一切,至于他的仁德,我也是不知道的。"孟武伯又问:"公西华又怎样呢?"孔子说:"公西华啊,将头发束起,站立在朝堂之上,可以让他与宾客款款而谈,至于他的仁德,也是不知道的。"

♡ 张岱

朋友圈纵横谈（▌为原文）

张岱

汉代的《刑法志》记载：周代靠军事平定天下。天下安定之后，将武器收藏起来，用文明和道德来教化百姓，但是依然设立司马这个官职和六军，依据井田来收军赋。地方上以一里为一井，十井为一通，十通为一成，一成为方圆十里；十成为一终，十终为一同，一同为方圆百里；十同为一封，十封为一畿，一畿为方圆千里，有税收也有军赋。税收足以供应粮食，军赋足以补充军队。周公用井田来安置军队，管仲用版法来兼摄军事事务，都是仁者管理军赋的方法。由此，可以知道他们的仁德。

▌汉《刑法志》云：殷周以兵定天下矣。天下既定，戢藏干戈，教以文德，而犹立司马之官，设六军之众，因井田而制军赋。地方一里为井，井十为通，通十为成，成方十里；成十为终，终十为同，同方百里；同十为封，封十为畿，畿方千里，有税有赋。税以足食，赋以足兵。周公以井田寓师旅，管仲以版法兼军政，是仁者之治赋也，是可知其仁也。

《论语》原典·孰愈章

子谓子贡曰:"女与回也孰愈?"对曰:"赐也何敢望回?回也闻一以知十,赐也闻以知二。"子曰:"弗如也,吾与女弗如也。"

译文　孔子对子贡说:"你与颜回谁更胜一筹?"子贡回答说:"我哪里赶得上颜回?颜回听到一就能知道十,而我听到一只能知道二。"孔子说:"你确实不如他,就是我也一样不如他啊!"

♡ 张岱

朋友圈纵横谈(▨ 为原文)

张岱

学者用尽智慧、费尽功夫,如果没有明眼人点拨、提醒,怎么能够通透而跳出窠臼呢?孔子说子贡不如颜回,正是因为知道他认为"以一知二"是得力的,所以赶快提醒他"不如"。子贡很聪明,一点拨便能警醒。这个时候就像是草中跳跃的兔子,不需转瞬的工夫就会逃脱,不用迅急的手法是捉不住它的,所以说:"不如。"然而如果手握太紧兔子就会死掉,所以又称许他说:"我和你都不如颜回。"从此以后,子贡必定有脱落枝叶、归于根本的地方。所以孔子日后才告诉子贡"我的道是有一个根本性的东西贯穿始末的"。纵然是在林中驯服兔子，兔子的行动依然是自由自在的。"弗如也"，是将之前的东西全部否定了；"吾与汝，弗如也"，是忽然将他引渡到了彼岸。要给予他东西而不将他之前的东西全部扔掉，还留有余地，那他哪里愿意登上渡船呢？只是夺取而不给予，就是只剩下茫茫大海，丢掉性命啊！@张九成赞颂道：难道是子贡真不如颜回吗？只是因为他听闻大道还有很多疏漏的地方。如果真能够听闻、领悟孔子的一贯之道，哪里还有别的东西呢？

▌ 学者尽饶智慧，尽费工力，不得明人提喝，何由透脱？赐不如回，政从他以一知二得力，故急唤醒他"弗如"。子贡聪明，一提即醒。此时如草中跃兔，逸不转瞬，不用急手，擒住不得，故曰"弗如也"。然手紧则兔死矣，故复许之曰"吾与女，弗如也"。自此以后，赐必有脱落归根者。他日始告之曰"予一以贯之"。纵驯兔于中林，游行自在矣。"弗如也"，尽夺前尘；"吾与女，弗如也"，忽渡彼岸，予不先夺，当前有地，安肯登舟？夺而不予，大海茫茫，抛却生命矣！张无垢颂曰：岂是于回果弗如？只缘闻处尚多疏。若还真个能闻一，安得其他更有余？

张岱

通过闻见获得知识而领悟圣人之道的人,也应该通过闻见之知得到点拨、度化,但是一旦拘泥于表象,终究就只能像捕风捉影一样什么也得不到。所以孔夫子用"弗如"两个字来纠正他之前的错误之处,一直到祛除殆尽的时候,才能见到原来的真实本性。

以闻见入道者,亦应以闻见而得度,但一落象数,终是捕影搏风。夫子故把"弗如"二字降伏他从前魔力,直到得悬崖撒手时,方见本来真性。

《论语》原典·昼寝章

宰予昼寝。子曰:"朽木不可雕也,粪土之墙不可杇也;于予与何诛?"子曰:"始吾于人也,听其言而信其行;今吾于人也,听其言而观其行。于予与改是。"

译文　宰予白天睡觉,孔子说:"腐朽的枯木不可以雕琢,粪土堆砌的墙壁不可以粉饰,我对于宰予还能责备他什么?"孔子又说:"以前我对于人,听到他的话便相信他的行为;现在我对于人,不仅听到他的话还要观察他的行为。我是因为宰予而改变的。"

♡　张岱　沈无回

朋友圈纵横谈（▅为原文）

张岱

这是在警告宰我。不能说春秋时期，都是言行不一的人。这样说的话，就是用宰我一个人概括春秋时期所有人了。况且每句话都是有特定的缘由的，应当了解说这句话的要义。

▅ 此儆宰我耳。不要说春秋世界，俱是言行不相顾者，如此，则以宰我一人，波及一世矣。且语各有自，需要得其言下之旨。

 沈无回

"子曰"两个字，是表示另起一事的词语，停止之后而又再一次说起，是换另一种方式来责备他，这两个字是记载此事的人得到精髓的地方。

▅ 沈无回曰："子曰"二字，更端之词，息而复起，更转一法以责之，此二字乃记者大得精神处。

张岱

白天睡觉罪过很小，却招致严厉的斥责，这是宰我咎由自取。如果是颜回白天睡觉，那么这和他吃粗茶淡饭、曲肱而枕的清贫闲适倒是很契合的。

张岱讲《论语》·公冶长第五

▆ 昼寝罪小，遭此痛责，此是宰我自取之也。若是颜子昼寝，蔬水曲肱，爱契斯语矣。

《论语》原典·见刚章

子曰："吾未见刚者。"或对曰："申枨。"子曰："枨也欲，焉得刚？"

译文　孔子说："我未见过刚强不屈的人。"有人回答说："申枨是这种人。"孔子说："申枨欲望很多，哪里能够刚强不屈呢？"

♡ 张岱

朋友圈纵横谈（▆为原文）

张岱

现在喝醉酒的人，看到城门以为是床具，看到河流以为是田间小沟。城门和河流依然是它们本来的样子，而把它们当作床、小沟的人，是因为酒力的影响。一旦酒醒了，就渐渐不敢像醉酒时那样了。申枨的刚强，是以醉酒人的样子来对待天下。

▆ 今之醉酒者，见城门则以为卧榻，见川渎则以为沟浍。夫门与渎犹是，而榻之、沟之者，酒之力也。一旦醒解，而渐失其故矣。申枨之刚，是群天下为酒人也。

张岱

> 两个人打架，理亏的人，哪怕声调很高，但毕竟是勉强的。可见没有正理自然不能气势雄壮。孔子的门下有像子路这么勇猛的人，而孔子还说"不见刚"，那么这个"刚"的品德是很要紧的，申枨怎么能当得起呢？"枨也欲"这一句，只是为申枨做解释。其实孔子对于"刚"的思考，是有深刻的意味在的。
>
> 🔲 两人斗殴，理亏者，恁他高声，毕竟勉强。可见无理自然雄壮不来。圣门勇如子路，而夫子尚曰"不见刚"，则此"刚"之品关系甚大，申枨如何当得来？"枨也欲"句，只是为申枨解耳。其实圣人思刚，自有深意在。

《论语》原典·加我章

子贡曰："我不欲人之加诸我也，吾亦欲无加诸人。"子曰："赐也，非尔所及也。"

译文　子贡说："我不想让别人把某些东西加在我身上，我也不想把这些加在别人身上。"孔子说："赐啊，这不是你能够做得到的啊。"

♡ 张岱

朋友圈纵横谈（为原文）

张岱

"不欲""无加"是空话，跟"仁"没有关系；"非尔所及"是含义深刻的句子，跟贬低的话没有关系。

▊ "不欲""无加"是虚语，着一"仁"字不得；"非尔所及"是活句，着一抑语不得。

 李卓吾

子贡本来就有千里马般高昂超卓的志向，又挨了这一鞭子，能够日行千里了。

▊ 李卓吾曰：正有腾骧之志，又着此一鞭，一日千里矣。

张岱

霜雪从天空中坠落，是天地无意为之，子贡此处说得太理所当然，反而使人无法相信。

▊ 霜雪坠空，天地无意，此处太说得自然，使人反信不过。

《论语》原典·性天章

子贡曰:"夫子之文章,可得而闻也;夫子之言性与天道,不可得而闻也。"

译文 子贡说:"夫子的文章,可以听得到的;夫子在文章中讲性与天道,就很难听到了。"

♡ 张岱 张无垢 周海门

朋友圈纵横谈(▬为原文)

张无垢

> 既然是文章可以听闻到,此处就不应该还说"夫子之言性天与道,不可得而闻也"。孔夫子怎么会把天道和文章分开说呢?孔子说:"天哪里有言语呢!四季更替、万物生长……"这正是指点文章和天道是合一的。
>
> ▬张无垢云:既是文章可得闻,不应此处尚云"夫子之言性天与道,不可得而闻也。"如何夫子言天道肯文章两处分开?子曰:"天何言哉!四时行焉,百物生焉……"正是点化文章、性道之合一处。

张岱

孔夫子的文章不过就是《系辞》《春秋》,读《系辞》《春秋》的人有很多,是可以听闻到的。而《周易》中谈论性,《春秋》中谈论天道,则是不能够听闻到的。

▓ 夫子之文章无过《系辞》《春秋》,读《系辞》,读《春秋》者多矣,是可得而闻也。《易》之言性,《春秋》之言天道,则不可得而闻也。

 周海门

当时传授一贯之道,孔子哪里是背地里单独告诉曾子的呢?弟子们都在一旁听,只有曾子回答了"是的",是曾子知道了,而弟子们不懂孔子在说什么,是他们没能知道。

▓ 周海门曰:当时一贯之传,夫子岂背地独与曾子言之?门人俱在侧也,惟曾子一"唯",是曾子得闻,门人不知何谓,是门人不得而闻。

《论语》原典·子路章

子路有闻,未之能行,唯恐有闻。

译文　子路听到一个道理，自己却尚未能够做到，就会担心自己听到其他的。

♡　张岱

朋友圈纵横谈（▰为原文）

张岱

　　"行"怎么能做得完呢？"闻"又怎么能彷徨呢？都是天真心肠天真话语。两个"有闻"是首尾呼应的。这十二个字将子路描写的十分传神，是子路画像上的绝妙赞辞。

　　古人只有在安车（古代可以坐乘的小车。古车立乘，此为坐乘，故称安车）上才能坐着，妇女不能站立着乘车，除此以外都站着乘车，所以如果路上需要致敬，就低头弯腰，用手扶着车前面的横木致敬，这被称为"式"。像后世的坐乘，把手放在车厢前面用作扶手的横木上，就跟靠着几案差不多，这被称为傲慢懒惰，而不是恭敬。古代和今日有所不同，这即是其中一例。

　　▰"行"如何了得？"闻"亦如何旁皇得？总是痴肠痴话。两"有闻"首尾呼唤。十二字为子路传神，是绝妙像赞。

　　古人惟安车乃坐，妇人不立乘，余皆立乘，

故遇有敬事，则俯首偃躬，以手凭于车前之衡木，以致敬，谓之式。若后世之坐乘，则手加于轼，即如隐几相似，谓之傲惰，而非所以为敬矣。古今异宜，此亦其一也。

《论语》原典·谥文章

子贡问曰："孔文子何以谓之'文'也？"子曰："敏而好学，不耻下问，是以谓之'文'也。"

译文　子贡向孔子请教说："孔文子为何谥号为文？"孔子说："性格勤敏而好学，向不如自己的人询问也不以为耻，这样才能谥号为文。"

♡ 张岱

朋友圈纵横谈（▨为原文）

张岱

"敏而好学"而又"不耻下问"，学问都以"敏"字为根基。这是因为对于"敏"的人更难，不能因为看到"下"字就增添出地位高的意思。

千百年来所注重的"学"和"问"两个字，到这里开始合并在一起。

> ■ "敏而好学"而又"不耻下问"也，学问俱根"敏"字。盖在"敏"者为更难耳，不得因"下"字添出位高。
>
> 千古所重，"学问"二字，至此始拈合。

《论语》原典·子产章

子谓子产："有君子之道四焉：其行己也恭，其事上也敬，其养民也惠，其使民也义。"

译文　孔子说子产："拥有君子之道的四种：表达自己的行为非常谦恭，对待上位者非常尊敬，养护人民多有恩惠，使唤人民有原则法度。"

♡ 张岱

朋友圈纵横谈（■ 为原文）

张岱

> "恭""敬""惠""义"是总结子产的行事风格，并且每个都用一句话来判断。倒着来说或详实来说都是不行的。
>
> 四个"也"字有期望思念的涵义在。
>
> ■ "恭""敬""惠""义"是总其行事，而

各以一言判断之。倒提不得，实讲不得。

四"也"字有注想之意。

《论语》原典·善交章

子曰："晏平仲善与人交，久而敬之。"

译文　孔子说："晏婴擅长与人交往，时间相处久了，仍能够敬意不衰。"

♡ 张岱

朋友圈纵横谈（■ 为原文）

张岱

齐桓公想请鲍叔做宰相，而管仲阻止了；齐景公想把尼溪分封给孔子，而晏婴阻止了。这是千古不灭的交情，千古不灭的知己。齐景公当政的时候，他宠爱的妃嫔在宫内擅权，强干之臣在宫外横行，即便是启用圣人，国势也难以持久，更何况晏子当年说孔子"累世不能殚其学"。他是对孔子认识最为深刻的人。我认为晏婴是孔子的第一知己。

■ 齐桓公欲相鲍叔，而管仲沮之；齐景公欲以尼溪封孔子，而晏婴沮之。千古交情，千古知己。

盖齐景公时嬖宠内擅,强臣外横,虽用圣人,其势难久,况当年累世之言?其知孔子最深。余谓晏婴是孔子第一知己也。

《论语》原典·居蔡章

子曰:"臧文仲居蔡,山节藻棁,何如其知也?"

译文　孔子说:"臧文仲藏了一只大龟,在龟室中的柱头斗拱上刻有山水,梁的短柱上画了藻草(装饰的如同宗庙一般),他的智慧是怎样的呢?"

♡ 张岱

朋友圈纵横谈(▇为原文)

张岱

"何如其知"就是说多么的明智,是委婉讽刺的语气。

孔子说:"臧文仲有三处不仁德的地方,有三处不明智的地方。"颜回问:"可以听您说说吗?"孔子回到:"让柳下惠屈居于自己之下,设置六个关口来收费,让小妾织蒲席贩卖与民争利,这三件事是不仁德的;给一只大乌龟盖一间大房子把它养起来,纵容夏父弗忌举行不合礼仪的祭祀,让国人祭祀海鸟,这三件事情是不明智的。"

大夫是不能私藏乌龟的,"居蔡"已经是不合礼仪了,而更妙的是"山节藻棁",在"居蔡"这件事情上是多么花费心思,多么讲究!臧文仲料理乌龟是多么高明,料理自己却是多么拙劣!

 "何如其知"犹云是何等样智,语亦婉刺。

孔子曰:"臧文仲有不仁者三,有不智者三。"颜回曰:"可得闻乎?"子曰:"下展禽,置六关,妾织蒲:三不仁也;设虚器,纵逆祀,祀海鸟:三不智也。"

大夫不藏龟,"居蔡"已自不知礼,而更妙在"山节藻棁",于"居蔡"身上何等思忖,何等凿度!文仲料龟何明,料己何拙!

《论语》原典·忠清章

子张问曰:"令尹子文三仕为令尹,无喜色;三已之,无愠色。旧令尹之政,必以告新令尹。何如?"子曰:"忠矣。"曰:"仁矣乎?"曰:"未知。焉得仁?""崔子弑齐君,陈文子有马十乘,弃而违。至于他邦,则曰:'犹吾大夫崔子也。'违之。之一邦,则又曰:'犹吾大夫崔子也。'违之。何如?"子曰:"清矣。"曰:"仁矣乎?"曰:"未知。焉得仁?"

译文 子张问孔子:"令尹子文三次出仕当令尹,不见他有喜色,三次罢免也毫无怒色,过去他做令尹时的旧政也一定会告诉新继任的令尹,这样看这个人怎么样?"孔子说:"可算是忠了。"子张说:"那他是否算作仁?"孔子说:"不知道,哪里看出他仁呢?"子张又问:"崔杼犯上杀害齐国的君主之时,陈文子有马四十匹,全都抛弃了,离开齐国,到了其他国家,他说:'这里的大夫和我们的大夫崔子一样。'于是又离开了,这样的话如何呢?"孔子说:"可以说是很洁身自好了。"子张问:"那他仁不仁?"孔子说:"不知道啊,哪里看得出他仁呢?"

♡ 张岱

朋友圈纵横谈(▮为原文)

张岱

> 不说不仁,只说不知道他是否仁;不说忠诚、清廉不属于仁,只说不知道是否是仁,读者必须自己领会。
>
> 有人问:"仁的本体是怎样的?"回答说:"观察一个人的过失,可以知道他的仁德,而一个人忠诚、清廉并不一定就能认定他是仁德的,这样就可以知道什么是仁了。"
>
> 啊!微妙啊。
>
> 斗谷于菟(芈姓,字子文,斗伯比之子)算是忠啊,但如果用柳下惠做掌管刑法之官时三次被罢免

也不离开自己的国家,他藐视世俗、为人傲慢,就未必是"仁"。陈文子算是清啊,但他见到逆贼而不讨伐,出逃别的国家以免受刑罚,如果用晋国的赵盾和他对此,那他就未必是"仁"。这里还需要再多加探究。

■ 不谓不仁,止说未知其仁;不谓忠清不是仁中事,止说仁未可知,读者须自会。

或问:"仁体何如?"曰:"观过可以知仁,而忠清未可以知仁,则知仁矣。"

噫!微矣哉。

斗谷于菟忠矣,律之以柳下惠之为士师,三黜不去,傲物轻世,则未必是"仁"。陈文子清矣,律之以赵盾之见贼不讨,逾境求免,则未必是"仁"。此处尚费推敲。

《论语》原典·三思章

季文子三思而后行。子闻之,曰:"再,斯可矣。"

译文　季文子总是思考再三之后才行动,孔子听到了之后说:"思考两次,就可以了。"

♡ 张岱

朋友圈纵横谈（■为原文）

张岱

季文子为三个国君做宰相，小妾不穿帛衣，不给马喂粟米，家里没有贵重的器具，左丘明对他大加称赞。在公子遂杀掉国君的时候，季文子没有去讨伐逆贼，反而跑到齐国去进献礼物请求安排两国国君会见。他又在城莒的诸、郓二邑，为自己聚敛财货，小妾、马匹、金银玉石是非常多的。这就像公孙弘盖粗布做的被子，王莽待人谦和恭敬一样，都是表面文章罢了。当时的人相信他，说他"三思而后行"，孔子却不这么认为，说："再，斯可矣。"就如同说："倘若能够稍微多思考一下，也不至于这个样子。"

结合鲁国的事情一起来讲，可以见到孔子寓意广大之处。如果是诸葛恪，应当思考数十次，如果是季文子，不应该思考那么多次。诸葛恪因轻浮急躁而败落，季文子因为优柔寡断而选择软弱，都是因为不能正确判断当时的国家形势和时代潮流。

■ 季文子相三君，妾不衣帛，马不食粟，家无重器，左氏侈称之。方公子遂弑君，行父不能讨贼，反为如齐纳赂。又城莒二邑，以自封殖，其为妾、马、金玉也多矣。是即公孙之布被，王莽之谦恭也。时人信之，曰："三思后行。"夫子不然

张岱讲《论语》·公冶长第五

之,曰:"再,斯可矣。"若曰:"倘再思之,当不至是也。"

合鲁事讲,见圣人寓意之大处。盖为诸葛恪自当十思,为季文子自不当三思。恪以轻躁自败,季以优柔取弱,皆缘不识国势时宜也。

《论语》原典·宁武章

子曰:"宁武子,邦有道,则知;邦无道,则愚。其知可及也,其愚不可及也。"

译文 孔子说:"宁武子,国家有道之时,则显得有智慧;国家无道之时,就显得有点愚钝了。他的智慧是其他人能够做得到的,而他的看似愚钝却是很多人都赶不上的。"

♡ 张岱

朋友圈纵横谈(▊为原文)

张岱

"智"是判断天下有道还是无道的关键,"愚"是鞠躬尽瘁死而后已的信念。现在的科举应试文章竟然把它说成以愚蠢为掩饰来运用聪明,引发出了后来之人多少玩弄权谋、诡秘之术的事情和说法，这不是孔子所说的不能企及的东西，还是就把"愚"当作"愚"原本的意思理解为正确。

如果范蠡当年运用自己的聪明才智来为自己做打算，那他绝对不会在石室之中跟随勾践的。由此可知范蠡能够帮助勾践脱离困境，闳夭、散宜生能够将周文王从牢狱中释放出来，他们所依靠的，都是一个"愚"字。

■ "知"是有道无道的总关，"愚"是鞠躬尽瘁，死而后已的心事。时文竟作以愚运知，发引出后人多少权谋、诡秘、说话，非圣人所谓不可及者也，还以就愚论愚为是。

使范蠡当时见才露智，决不能从勾践于石室矣。故知范蠡之能脱勾践，闳夭、散宜生之能释西伯，其得力，全在一"愚"。

《论语》原典·狂简章

子在陈曰："归与！归与！吾党之小子狂简，斐然成章，不知所以裁之。"

译文 孔子在陈国，说："回去吧！回去吧！我在鲁国的那些弟子，志向远大而疏于行事，如今在文理上的成就已经像布匹一样织得文采斐然了，还不知道怎么去裁剪啊！"

♡ 张岱

朋友圈纵横谈（为原文）

张岱

> 学者胸怀眼界不高有两个问题：喜欢应酬人情世故，不精简俗务，这是其一；喜欢广泛涉猎闻见之知，不精简学问，这是其二。应酬人情世故，是在今人面前做毫无原则的老好人；广泛涉猎闻见之知，是在古人面前做毫无原则的老好人。他的内心是不纯净的，一般达不到"狂"的境界。
>
> 有人说："简"就是指狷介之人，因为狷介之人有些事情他是不会做的，所以说"简慢"。
>
> ■ 学者胸次不高有两病：好周旋世故，不简于尘缘，一也；好博涉见闻，不简于学问，二也。周旋世故，做今人的乡愿；博涉见闻，做古人的乡愿。其胸次不净，总一般不得"狂"。
>
> 或曰："简"即指狷者，说狷者有所不为，故曰"简"。

《论语》原典·夷齐章

子曰："伯夷、叔齐不念旧恶，怨是用希。"

译文 孔子说："伯夷、叔齐不念及一切已往的恶事，所以心上少有怨念。"

♡ 张岱

朋友圈纵横谈（▮为原文）

张岱

　　世人说伯夷叔齐，憎恨恶行太过严苛，不免显得狭隘了。孔子特地说出了他们的一种广阔高远的境界，说伯夷叔齐的心境大雁飞过天空，影子倒影在潭水里，大雁没有留下踪迹，水也没有留恋它们的影子，没有挂念没有怨恨，两边都心如止水。

　　"恶"而"奋起"，就如同飞过的影子或飞驰的轮子，很快就过去了，只有不把"旧恶"放在心头，才能真正明白国恨家仇怎么可能隐藏得起来呢？李陵投降匈奴，说是为了等到合适的时机来回报汉朝，人们并不相信他。伯夷叔齐的清高是非常彻底的，并不是说还有分量多少之分。

　　▮世之说夷齐者，疾恶太严，未免入于隘去。孔子特说他一段天空海阔境界，谓夷齐心境如长空雁过，影落寒潭，雁不留踪，水不恋影，不念不怨，两边不动。

　　"恶"而曰"奋"，如飞影驰轮，忽然过去，惟不将"旧恶"放在念头上，正见君父之仇如何匿得？李陵降虏，谓得当以报汉，毕竟信他不过。其清之彻底处，非谓清而有量也。

张岱

程颢和程颐一起在一位朋友家里饮酒,就席间有一位妓女,程颢刻意矜持避嫌,而程颐却跟以前一样和大家诙谐逗趣,程颢很不高兴。改天程颢规戒教训他,程颐说:"前天酒席上有妓女,我本来没有看到;今天没有妓女,你心中却还留存着她,为什么呢?"由此可以想到伯夷叔齐的胸怀境界。

　　程明道与伊川同饮一友家,座上有妓,明道着意矜持,伊川故与谐谑,明道不悦。异日规训之,伊川曰:"前日席上有妓,弟原不见有妓;今日无妓,老兄胸中还存一妓,何耶?"即此可想夷齐胸次。

《论语》原典·乞醯章

子曰:"孰谓微生高直?或乞醯焉,乞诸其邻而与之。"

译文　孔子说:"谁说微生高正直?有人向他讨醋,他不直说没有,而是向邻居家讨要再给人家。"

♡ 张岱

朋友圈纵横谈（▆为原文）

张岱

> 是为了说明正直的道理，不是在讽刺微生高。不然的话向邻居借醋给别人，也是好事，孔夫子为什么说得这样刻薄狠毒呢？
>
> 微生高还有一个名字叫尾生高，鲁国人。他曾经和一个女子约定在桥下见面，女子没来赴约，河水汹涌而来，微生高没有离开，最后抱着桥柱被淹死了。
>
> ▆ 维直道也，非讥刺微生高也。不然乞邻与人，亦是好事，夫子何刻毒至此？
>
> 微生高一名尾生高，鲁人。高尝与女子期于梁下，女子不来，水暴至，不去，抱梁柱而死。

《论语》原典·巧令章

子曰："巧言令色、足恭，左丘明耻之，丘亦耻之。匿怨而友其人，左丘明耻之，丘亦耻之。"

译文　孔子说："说好话，装出好脸色，做出恭敬的样子，左丘明认为这是可耻的，我也觉得可耻。心里藏着怨念却还要和人保持友好，左丘明认为这是可耻的，我也觉得可耻。"

♡ 张岱

朋友圈纵横谈（为原文）

张岱

世间有一种不顺着本性的人，喜欢做出一种谄媚或深沉的样子，其实心中什么也没有，所以说"可耻"。如果说希望得到不可能的福分，怀着不可预测的心计，那么就是天地之间的大恶人，就不仅仅是可耻了。

只说左丘明和孔子，是因为两个人都写了《春秋》，是一起保存正道的人。朱熹说："'足'对于'义'来说，是凑足、凑够的意思。是说如果本来应该是九分，却偏偏要凑成十分，意思是说他原本是少的却又添加作假。"

 世间有一等不率性之人，好为谄媚深藏之态，究其胸中绝无所为，故曰可耻。若云希无望之福，怀叵测之心，此则天地间大奸人，不止可耻矣。

单说丘明与夫子，以两人皆作《春秋》，共存直道者也。朱子曰："足之为义，凑足之谓也。谓如合当九分，却要凑作十分，意谓其少而又添之也。"

张岱

"怨"字在《论语》中多处都可以见到，都是指平常人事之间的芥蒂、嫌隙，它和"君父之仇""兄弟之仇"的"仇"字是不一样的。很多应试科举之人作这个题目的时候，常常用"仇"字来代替"怨"字，相差甚远。

■ "怨"字散见《论语》中者甚多，皆平常人事中芥蒂嫌隙之名，与"君父之仇""兄弟之仇""仇"字不同。作此题者，往往以"仇"字易"怨"字，特差。

《论语》原典·言志章

颜渊、季路侍。子曰："盍各言尔志？"子路曰："愿车马衣轻裘与朋友共，敝之而无憾。"颜渊曰："愿无伐善，无施劳。"子路曰："愿闻子之志。"子曰："老者安之，朋友信之，少者怀之。"

译文　颜渊、季路侍立在旁，孔子说："你们何不说说各自的志向？"子路说："我愿自己的车马衣裘都能够与朋友共同使用，就算坏了也不会心有怨恨。"颜渊说："我希望自己能够对于内心的善意不夸大，对人做了有功劳的事情没有施予感。"子路说："我想要听到夫子的志向。"孔子说："我希望对年老者，能使他安心；对年龄和我差不多的，能使他信任；对年少者，能使他怀念我。"

♡　张岱　杨复所　陈元纶　杨复所

张岱讲《论语》·公冶长第五

朋友圈纵横谈（▮为原文）

张岱

老者安心、少者怀念、朋友信任。孔子只是通过眼前常见的事物将它们说出来。《禅宗永嘉集》说："不能普遍地利益他人，说明自己没有修行圆满。"@刘孝标说："生成万物的是道，生成而不主宰，称为自然。"

▮ 老安，少怀，朋友信。圣人说来，只是随物付与眼前平易事。《永嘉集》曰："利他不普，自益未圆。"刘孝标曰："生万物谓之道，生而无主，谓之自然。"

 杨复所

子路之前把和人一起分享毛皮衣服、马车当作是有德的表现，一听到颜回说自己的志向，觉得自己不如颜回而无话可说。然后又想"孔子的志向一定比颜回的还要高远"，所以这个地方特意记载"子路云：'愿闻子之志。'"

▮ 杨复所曰：子路当日以共敝车裘为色矣，一闻颜子之志，不觉哑然自失。因又思曰："夫子之志必有进于是者。"故于此处特下一"子路曰：'愿闻子之志。'"

207

张岱

有停息的时刻就不是天了，就不是圣人了。细细玩味"安之""信之""怀之"，其实是终身思考、实践没有停息的意思。

▣ 有休歇非天，有休歇非圣。细玩安之，信之，怀之，原是终身劳劳不得休歇语。

 ### 陈道掌

子路的马车和皮衣，相当于佛教当中的七宝布施，即将财物分享给别人；颜回奉献自己的长处和功劳，相当于佛教当中的身命布施，即将身体性命奉献分享给别人；孔子的"安""怀""信"，相当于佛教当中的不住色相布施，即是不分我相、财相、人相的分享。

▣ 陈道掌云：子路车裘，是七宝布施；颜子舍善劳，是身命布施；夫子安信怀，是不住色相布施。

 ### 杨复所

把"朋友"看作与自己结交的人是多么狭隘啊，这是不知道这里的"朋友"，是指和自己年龄差不多的人。就像是说：所有的人都是我的同胞；

张岱讲《论语》·公冶长第五

老年人、壮年人和少年人合在一起,才能包括天下所有的人。

📖 杨复所曰:朋友作交游说何隘也,不知此朋友,即指年相若者。言犹曰:民吾同胞也;合老者、壮者、少者,方尽天地间之人。

张岱

这一章应该跟《孟子》中"子路人告之有过则喜"章互相参考着来看,有一点进步自然就有一点进步的分量。

📖 此章书当与《孟子·子路人告之有过则喜章》参看,进一层自有一层分量。

《论语》原典·自讼章

子曰:"已矣乎!吾未见能见其过而内自讼者也。"

译文 孔子说:"完了呀!我没有见过能够看见自己的过错而向内心自责的人啊。"

♡ 张岱 邹肇敏

朋友圈纵横谈（▨ 为原文）

邹肇敏

"已矣乎"就相当于"最终不能还是算了吧"。"能看到自己的过失"的人，他的见解是真切的，他的自我克服和整治，像洗掉污垢祛除疮痕，发现邪恶的东西去摘除降服，真的有一刻也不能容忍的意味。

▨ 邹肇敏曰："已矣乎"犹云"终不然罢了耶。""能见其过"者，故曰"自讼"。

张岱

徐子卿发现自己的过错就会自我责备，运用孔子所说的"内自讼"的方法解剖自己。有人说："讼就是告状的人，心肠刻薄狠毒。"徐子卿回答："刻毒"两个字非常好，譬如说我要做善事的时候，忽然起了一个恶念，那它就是我的对头，但我却不肯用刻薄狠毒的手段跟它斗争，不知道这是什么原因呢？

▨ 徐子卿见过自讼，或曰："讼是告状人，心肠刻毒。"子卿曰："刻毒"两字甚好，比如我要作好，忽然起一恶念，这就是我的对头，却不肯下刻毒手与他讨个下落，不知何故？

♡ 徐子卿

《论语》原典·忠信章

子曰:"十室之邑,必有忠信如丘者焉,不如丘之好学也。"

译文　孔子说:"十家的小邑,一定会有像我一样忠信的人,但不能像我一样好学。"

♡　张岱　诸理斋

朋友圈纵横谈(为原文)

张岱

远古时代的皋陶、姬夔、后稷、子契有什么书可以读呢?君子威严沉稳之学,也是以注重忠信为根本的,而朱熹用美好的本质来解释忠信,是勾销了古往今来的治学脉络。他日孔子称赞颜回好学,说:"不迁怒,不贰过。"那么孔子所说的"丘之好学",哪里是说读书、读文章的意思呢?古时候九个男子为一井,四井为一邑,两亩半的家宅在田里,两亩半的家宅在城邑,一共三十二家。十室之邑,是说这个邑很小,不满三十二家。

　　皋、夔、稷、契有何书可读?君子威重之学,亦以主忠信为本,而朱子以美质绎忠信,抹杀古今学脉矣。异日夫子称回之好学,曰:"不迁怒,不贰过。"则夫子所谓"丘之好学",亦岂读书看文章之谓哉?古者九夫为井,四井为邑,二亩半之宅在田,二亩半之宅在邑,凡三十二家。十室之邑,甚言其小,不满三十二家也。

诸理斋

这句话妙在不是用自己来比较他人,只是用别人来比较自己,这样的话自然就没有褒贬的意思了。

诸理斋曰:妙在不将自己形容人,只把人来比自己,自然绝去褒贬。

雍也第六

《论语》原典·南面章

子曰:"雍也可使南面。"仲弓问子桑伯子,子曰:"可也,简。"仲弓曰:"居敬而行简,以临其民,不亦可乎?居简而行简,无乃大简乎?"子曰:"雍之言然。"

译文　孔子说:"仲弓(名冉雍)这个人,可以使他南面去担任一国之君了。"仲弓问子桑伯子怎么样,孔子说:"可以呀,这个人简洁不烦琐。"仲弓说:"内心处于恭敬,行事简洁,以此来面对他的人民,不挺好吗?若是内心处于简洁,行事简洁,不就太简了吗?"孔子说:"仲弓说得对啊。"

♡　张岱　汤霍林

朋友圈纵横谈（▅为原文）

张岱

> 薛应旂主考的时候出了这道题,有位考生依据"未喻可字"来立论,薛应旂生气地说:"这个秀才真是没有见识,仲弓作为一个贤人,怎么可能一个'可'字都不认呢?而且都是同一个'可'字,'可使南面'的'可'字就认为是好的,'可也,简'的'可'字就认为是不好的。一个字用两种解释,怎么说得过去呢?"这一章中的三个"可"字都应当作同一个意思来看,"不亦可乎"与"可也,简"中的两个"可"字

215

正好相互呼应。

▌薛方山考出是题,诸生依"未喻可字"立说。方山怒曰:秀才无见识,仲弓贤者,岂有一"可"字也不识?且均一"可"也,"使南面"之"可",则认以为优,"可也简"之"可"则认以为劣。一字而两解之,何说也?章中三"可"字皆一样看,"不亦可乎"与"可也,简"二字政相应。

汤霍林

治理百姓的方法,一定要简单,大事变成小事,小事变成无事。然而这种简易的根源,应当从"敬"中得来,兢兢业业而不敢麻烦琐碎,这就是"简",并不是"居敬"然后"行简"。

▌汤霍林曰:临民之道,定要简易,大事化小事,小事化无事。然此简易根原,必从敬出,一段兢业,不敢烦琐,便是"简",非是居敬又行简也。

张岱

《淮南子》说:"蓼菜长成行,瓶瓯有底座,称量粟米然后去舂,数着米粒进行烹饪,这样的人可以掌管家务而不能治理国家。洗净杯盘进食,洗好爵来饮酒,洗涤干净以后伺候长辈吃饭,这样的人可以在家赡养老人,但不能供给三军的伙食。不

张岱讲《论语》·雍也第六

平易简单则不能办大事,不简约则不能够聚合众人。"

■ 《淮南子》曰:"寥菜成行,瓶瓯有堤,量粟而舂,数米而炊,可以治家,而不可以治国;涤杯而食,洗爵而饮,浣而后馈,可以养家宅,而不可以飨三军。非易不可以治大,非简不可以合众。"

《论语》原典·好学章

哀公问:"弟子孰为好学?"孔子对曰:"有颜回者好学,不迁怒,不贰过。不幸短命死矣。今也则亡,未闻好学者也。"

译文 鲁哀公询问:"你的弟子中哪个最好学啊?"孔子回答说:"有个叫颜回的是好学的,他有怒意也不迁向别处,有过失也不再犯。不幸的是短命死了。现下也没有了,没有听到过有好学的了。"

♡ 张岱

朋友圈纵横谈(■为原文)

张岱

《易传》中说:"颜回这个人,他大概已经到接近圣贤的地步了。有不善的东西没有他发觉不了的，发觉之后就不会再去做。"这明明就是"不贰过"的注脚啊。明白这句话，那么"不迁怒"这句话也就可以明白了。圣贤的修养功夫，是平易朴实的，不必说得那么玄虚。

我认为天下的道理在《易》中已经都包括了。《易》是预测逆推之书。所以学者的修养功夫，也都是用相反的、否定的方式。孔子的"四毋"，颜回的"四勿""三月不违仁""箪瓢不改其乐"，合之"不迁""不贰"，都是否定和对治的功夫。颜回是精通《易》的道理的，所以说"其殆庶几"。

■ 《易》曰："颜氏之子，其殆庶几乎。有不善未尝不知，知之未尝复行。"明是"不贰过"注脚。明此则"不迁怒"可知已。圣贤功夫，平平实实，不必说玄说幻。

愚观天下理尽于《易》。《易》逆数也。故学者功夫，亦尽用逆。夫子"四毋"，颜子"四勿"，"三月不违仁"，"箪瓢不改其乐"，合之"不迁""不贰"纯是用逆功夫。颜子精于《易》者也，故曰"其殆庶几"。

张岱讲《论语》・雍也第六

张岱

阅读此章,可以知道"学而时习之"所说的绝不是读书写文章。以前有人说"日里习得夜里习不得"的话,不知道这是什么见解?

 观此章,则"学而时习之",决非是读书做文字。昔人有"日里习得夜里习不得"之语,是主何见?

《论语》原典・辞与章

子华使于齐,冉子为其母请粟,子曰:"与之釜。"请益,曰:"与之庾。"冉子与之粟五秉。子曰:"赤之适齐也,乘肥马,衣轻裘。吾闻之也,君子周急不继富。"原思为之宰,与之粟九百,辞。子曰:"毋,以与尔邻里乡党乎!"

译文 公西子华出使到齐国,冉子代他为他的母亲请求粟米,孔子说:"给他一釜(六斗四升)吧。"冉子再次请求增加,孔子说:"给他一庾(十六斗)吧。"冉子给了他粟米五秉(九百斗)。孔子说:"公西赤这次去齐国,乘坐肥马,穿着皮衣。我听说君子只周济穷迫,不帮助富有的人。"原思当了孔子的总管,孔子给了他俸米九百斛。原思推辞,孔子说:"不要推辞,可以给些你的邻里乡党呀!"

♡ 张岱

朋友圈纵横谈（为原文）

张岱

这一章完整地包含了君臣、母子、师生、作为使臣、作为长官、邻里、乡党之间的大义。这个时候大家都在做自己应该做的事情：使臣做使臣该做的事，长官做长官该做的事，好友做好友该做的事，清廉的官吏做清廉官吏应该做的事；该给予的给予，该拒绝的拒绝，一旦经过孔夫子的权衡，都有一个最合适不过不能更改的道理在，所以圣人的教化，具体到圣人使用财富上，就是要让财富发挥它应有的作用。如果给得不恰当，拒绝得不恰当，就是把财富放在无用的地方了，岂不是太可惜了！

此章书君臣、母子、朋友、师弟、为使、为宰、邻里、乡党之大义俱全。此时各行其是：为使者为使，为宰者为宰，为良友者为良友，为廉吏者为廉吏；与者与，辞者辞，一入夫子之权衡，都有个至当不易之理在，所以圣人之教，直若化圣人用财，要使财皆得用。若与之不当，辞之不当，把财置之无用之地矣，岂不可惜！

张岱讲《论语》·雍也第六

张岱

　　知道一点儿微小的东西为什么不应该给，就知道天下都是可以禅让的道理；知道丰厚的俸禄为什么可以接受，就知道一点儿微小的东西也不应该拿的道理。圣人能够支配财富而不被财富所支配，这是大能耐。冉求在季氏那里做家臣，为季氏聚敛了很多财富使季氏更加富有，他的一生都在做使富有者更加富有的事。孔子说"君子周急不继富"这句话，也包含了对冉求的批评和劝诫。

　　▊ 知一介之不与，则知天下之可禅；知万钟之可受，则知一介之不取。圣人能用财而不为财用，此是大手段。冉求仕季氏，为之聚敛而附益之，一生止以继富为事。"君子周急不继富"之言，圣人闲中亦下针砭。

《论语》原典·骍角章

　　子谓仲弓曰："犁牛之子骍且角，虽欲勿用，山川其舍诸？"

　　译文　孔子说仲弓："一头耕牛，生出了一头通身赤红且牛角圆满周正的小牛，虽然不想用它来祭祀，但是山川之神会舍弃它吗？"

　　♡ 张岱

朋友圈纵横谈（▮为原文）

张岱

> 司马迁写《史记》想要把它藏在名山大川之间。这难道是夜不能寐的人，信不过自己转而去乞求山川之间的神灵吗？孔子说"了解我的大概只有天"，天人之间的参验是深奥精微的，感慨极深，不在人间寻找知己了。
>
> ▮ 太史公作《史记》欲藏诸名山大川。夫炯炯者，不能自信而乞灵于山川乎？知我其天，参契幽微，感慨至深，不向人间索知己矣。

《论语》原典·三月章

子曰："回也，其心三月不违仁。其余则月至焉而已矣。"

译文　孔子说："颜回啊，他的心能够在一段长久的时间内不离开仁，其余的人，有些只能维持一日，有些人只能维持一月，就停止了。"

♡ 张岱

朋友圈纵横谈（为原文）

张岱

《论语》二十章都没有谈论心中的仁，而唯独这一章谈论了。《易》三百八十四爻都没有说到"仁"，而唯独复卦说到了。颜回的"不违"就是《易》中所说的"不远复"；其他弟子的"月至"就是《易》中所说的"频复"。

 《论语》二十章不言心之仁，而此章独言心之仁。《易》三百八十四爻不言仁，而《复》卦独言仁。若颜子之"不违"即《易》之所谓"不远复"也；诸子之曰"月至"即《易》之所谓"频复"也。

张岱

宋代的香林澄远禅师曾经说："四十年的修行与行住坐卧融汇为一体"，"不违仁"就是融汇成一体了。还有一种说法是："别人是被时间驱使的，我能够驱使时间。"说"月至焉"，还是被时间驱使的。

 昔有祖师言"四十年打成一片"，"不违仁"，打成一片也。又有云："他人为十二时辰使，我使得十二时辰。"曰"月至焉"，犹被时辰使也。

《四书遇》导读

《论语》原典·从政章

季康子问:"仲由可使从政也与?"子曰:"由也果,于从政乎何有?"曰:"赐也可使从政也与?"曰:"赐也达,于从政乎何有?"曰:"求也可使从政也与?"曰:"求也艺,于从政乎何有?"

译文　季康子问孔子:"仲由这个人可以让他去管理政事吗?"孔子说:"仲由这个人有决断,让他管理政事有什么问题呢?"又问:"那赐呢,可让他管理政事吗?"孔子说:"赐这个人通事理,让他管理政事有什么问题呢?"再问:"求呢,可以让他管理政事吗?"孔子说:"求这个人多才能,让他管理政事有什么问题呢?"

♡ 张岱

朋友圈纵横谈（▬▬为原文）

张岱

季康子看重政治而蔑视子路、子贡和冉求,所以用了"也与"两个字;孔夫子看重他们三个人而蔑视政治,所以用"何有"两个字。这是这段问答中相连接的地方。

季康子并非会用人才的人,何必要将热气呵在冷墙上呢,这里只是保存了孔子对这三个人的评定。

如果鲁国能够重用孔子,任命颜回为宰相、子

张岱讲《论语》•雍也第六

路为大将、子贡为掌管朝觐聘问的礼官,闵子骞、冉求等人管理行政,七十二位贤德的弟子各管理一个城邑,人才哪里比汉唐少呢?

康子大从政而觑三子,故下"也与"二字;夫子大三子而觑从政,故下"何有"二字。是问答斗笋处。

康子非用人之人,何苦将热气呵冷壁,只存三子之定评。

使鲁能大用孔子,颜子为相,季路为将,子贡备行人,而闵子、冉求辈体国经野,七十二贤人各宰一邑,则人才岂减汉唐?

《论语》原典·费宰章

季氏使闵子骞为费宰。闵子骞曰:"善为我辞焉!如有复我者,则吾必在汶上矣。"

译文　季氏派人请闵子骞去做费地的长官,闵子骞说:"好好帮我推辞掉吧。如果再来召唤我的话,那么我必然要归隐到汶水之上了。"

♡ 张岱

朋友圈纵横谈（ 为原文）

张岱

昭公十三年，南蒯在费邑叛变，后来公山弗扰也在费邑叛变。费邑是多次叛变的城邑，是季氏的重要领地，所以子路曾经请子羔来做城宰，现在又请闵子骞，无非就是想要请来贤德的人，以收拢人心，所以孔夫子说他是"贼夫人之子"。闵子骞说"则吾必在汶上矣"，坚定地拒绝他了，也是这个意思。等到孔子升任大司寇就很快着手摧毁三都的城墙，费邑首当其冲。圣贤之人的深谋远虑之心，由此可见一斑。

《孔子家语》中记载闵子骞最终还是在季氏那里为官，做了费邑的城宰，不知道是什么原因。有待继续查考。

　　昭公十三年，南蒯以费畔，又公山弗扰以费畔。费盖屡畔之邑，季氏要地，故子路曾使子羔，今又使闵子，无非欲得贤者，为收拾人心计，故夫子曰"贼夫人之子"。闵子曰"则吾必在汶上矣"，拒之之岩，总是此意。及夫子为司寇而遽堕三都，费为其首矣。圣贤深心，于此可见。

　　《家语》中闵子到后毕竟仕季氏为费宰，不知何故？再查之。

《论语》原典·伯牛章

伯牛有疾,子问之,自牖执其手,曰:"亡之,命矣夫!斯人也而有斯疾也!斯人也而有斯疾也!"

译文 伯牛生了重病,孔子去慰问他,在屋子的南窗外握着他的手与他诀别,说:"此人逝去,这真是命啊!这样的人居然会有这样的疾病啊!这样的人居然会有这样的疾病啊!"

♡ 张岱

朋友圈纵横谈(▮为原文)

徐儆弦

> 颜渊去世孔子说老天要要了我的命,伯牛去世孔子则将它归结于命运。因为在颜渊那里可以说天,在伯牛那里可以说命,没有完成他的道义而去世的人,不可以说天,也不可以说命。
>
> ▮ 徐儆弦曰:颜渊之死则谓之天丧,伯牛之亡则归之有命,盖在颜渊则可以言天,在伯牛则可以言命,不尽其道而死者,不可以言天,不可以言命也。

《论语》原典·陋巷章

子曰:"贤哉,回也!一箪食,一瓢饮,在陋巷。人不堪其忧,回也不改其乐。贤哉,回也!"

译文 孔子说:"颜回这个人啊!很是贤德啊!每天用竹器吃饭,用木瓢饮水,居住在简陋的巷子里。别人都因无法承受困苦而忧愁,颜回却也一如既往地乐在其中。很是贤德啊,颜回这个人呐!"

♡ 张岱　周用斋

朋友圈纵横谈(▬为原文)

张岱

鲜于侁问道:"颜回为什么能够不改变他的快乐?"程颐说:"你来说说颜回所乐的是什么?"鲜于侁回答说:"只是乐于道。"程颐说:"如果颜回真的因为道而快乐,那他就不是颜回了。"鲜于侁没有明白这是什么意思,就告诉了邹浩,邹浩说:"人的造诣,竟能够达到如此精深的地步,我今天才真正认识程颐先生的面目。"

▬ 鲜于侁问:"颜子何以能不改其乐?"伊川曰:"君谓其所乐者何也?"侁对曰:"乐道而已。"伊川曰:"使颜子而乐道,不为颜子矣。"侁未达,以告邹浩,浩曰:"夫人所造,如是之深,吾今日始识伊川面。"

周用斋

应该看到颜回的"箪瓢屡空"、孔子的"蔬水曲肱",与舜和禹拥有天下都是一样的,都是真正的、纯粹的快乐。

📖 周用斋曰:看到颜之箪瓢,孔之蔬水,舜禹之天下,通是一样,乃是乐中真趣。

张岱

吃着干粮野菜,好像终身都会如此。颜回开头已然跟舜是一样的了,只是后来没有像舜一样处在君王的位置。

📖 饭糗茹草,若将终身。颜子上半截浑然是个大舜,只是下半截不曾做得。

《论语》原典·女画章

冉求曰:"非不说子之道,力不足也。"子曰:"力不足者,中道而废。今女画。"

译文 冉求说:"我不是不喜欢夫子的道,只是我的力量有限。"孔子说:"力量不够的人,在半道上就停止了啊。今日你是画地为牢自我设限,能进步却不愿意去做。"

♡ 张岱 扬雄

朋友圈纵横谈（▮为原文）

张岱

"并不是不喜欢你说的道"，把道的责任都推在了孔子身上，我自己没什么关系。说"现在你是自我设限"把"力不足"的责任推在冉求自己肩上，和别人没有关系。@苏浚说："力不足"，把对道的喜欢都说得冷冰冰的；"今女（汝）画"把"力不足"都说得鼓舞人心。

▮ "非不悦子之道"，把道一肩推在夫子身上，与己无干。曰"今女画"把"力不足"一肩推在冉求身上，与人无与。苏紫溪曰："力不足"，把悦处都说得冰冷；"今女画"把"力不足"都说得鼓舞。

 扬雄

河流学习大海而最终都到达了大海，可丘陵学习山脉而没有成为山脉，所以自我设限是很不好的。

▮ 扬子曰：百川学海而至于海，丘陵学山而不至于山，是故恶夫画也。

《论语》原典·为儒章

子谓子夏曰:"女为君子儒,无为小人儒!"

译文 孔子对子夏说:"你要做一个君子儒,不要做一个小人儒。"

♡ 张岱 王龙溪

朋友圈纵横谈(为原文)

张岱

世上人都极力描绘君子、小人,都无可取之处。他们不知道"女(汝)"这个字才是君子小人的重要关口,是"为"和"无为"的要害。从这个地方来解释,才符合孔子的原意。

《荀子》说:"衣服帽子穿戴整齐,容色严整,一副自得的样子并且终日不说话,这是子夏这一派的低贱的儒者。"儒家的学统分成了八派,就算是孔子也无可奈何。

 世人极意刻画君子小人,都无是处。不知"女"字是君子小人关隘处,"为"与"无为"的把柄。从此处下手,才是夫子意中事。

《荀子》曰:"正其衣冠,齐其颜色,嗛然

而终日不言,是子夏氏之贱儒也。"儒之统分而为八,即孔子亦无奈之何矣。

王龙溪
【全龙溪集】

所有的圣人都是有自己的眼光和手法,哪里有一个固定的样子能模仿得来的呢?但凡是模仿一个样子的人,都不是境界高的人。

> 王龙溪曰:从来圣人自出手眼,何尝有样子学得来?凡依傍样子者,毕竟不是大人。

张岱

有人问为什么小人也能称为"儒"、也能称为"中庸"?回答是《四书》之中所称的"小人",他们的势力和能力,都能够与君子分庭抗礼,但是心有公心和私心的区别。心是公正的就是"周""和""泰",心是自私的就是"比""同""骄"。他们外面的样子都是一样的,真小人就是伪君子,伪中行就是真乡愿,欺骗还是愧疚都是他们自己所为,非明察秋毫的人难以辨别。

> 问小人如何亦曰"儒"、亦曰"中庸"?曰"四书"中所称"小人",其规模本领,皆与君子争席,但心有公私耳。公则为周,为和、为泰,私则为比,为同,为骄。其外面,皆是一般。真小人

> 即假君子，伪中行乃真乡愿，欺欺唯其所造，非明眼人莫辨。

《论语》原典·武城章

子游为武宰。子曰："女得人焉乎尔？"曰："有澹台灭明者，行不由径，非公事，未尝至于偃之室也。"

译文　子游担任武城的太宰。孔子说："你在那里求得了人才吗？"子游说："有一个叫澹台灭明的人，做事不走捷径。若不是有公事，从未到过我的房间里来。"

♡　张岱　杨复所

朋友圈纵横谈（▨为原文）

杨复所

> "行不由径"是就他的做事方式而言，不是在说他的走路方式。下面"非公事"这两句，也是一样的。如果单单从走路上说，怎么就能说是得到了人才呢？
>
> ▨ 杨复所曰："行不由径"是指其行诣而言，不在走路上说。下面"非公事"二句，政其一也。若作走路说，何以为得人？

233

张岱

人们一向都说澹台灭明是一个儒者,《水经注》记载:"澹台灭明带着一个价值千金的玉璧渡河。河神想要这块玉璧,等到波浪翻滚的时候,让两条蛟龙夹住了澹台灭明的船。澹台灭明说:'我可以通过正当的方式来求取,但是不能通过暴戾的方式来抢劫。'左手拿着玉璧,右手拿着剑,去击打蛟龙,两条蛟龙都死了,于是他把玉璧扔到河里面去。扔进去三次而玉璧又跳出来三次,于是他就把玉璧销毁之后离开了。"可以看到澹台灭明的勇猛真的不输给子路,孔子所说的"以貌取人,失之子羽",就是因为他外貌威猛而践行儒道。可知他的"行不由径"以及"非公事不至",都是他刚毅的表现,不是孤芳自赏的人所能比的。

向谓灭明直儒者流耳,见《水经注》载:"子羽渡河,赍千金之璧。河伯欲之,阳侯波起,两蛟夹舟。子羽曰:'吾可以义求,不可以威劫。'左操璧,右操剑,击蛟,皆死,乃投璧于河。三投而辄跃出,遂毁璧而去。"然则子羽之勇,诚不减季路,夫子所谓"以貌取人,失之子羽"者,盖以其貌武而行儒耳。始知其"行不由径"非公事不至者,直是其刚毅之概,非踽踽凉凉者比矣。

张岱讲《论语》·雍也第六

《论语》原典·不伐章

子曰:"孟之反不伐,奔而殿,将入门,策其马,曰:'非敢后也,马不进也。'"

译文 孔子说:"孟之反是一个不自夸的人,兵败逃走之际,却独自殿后。快进城门的时候,他扬鞭打马说:'不是我敢在后面拒敌啊,是我的马儿不肯向前跑。'"

♡ 张岱

朋友圈纵横谈(▓ 为原文)

张岱

当时的人都以打胜仗为能事,又有谁会在战败的时候观察人、获取人呢?

清地一战,冉求率领左师打进齐国军队,获得八十个甲士的首级,齐军溃不成军,趁夜晚逃跑了。孟武伯率领右师攻打齐国军队,自己却先逃跑了,孟子反殿后。孟子反说"马不进"这样的话,不是故意掩饰自己的功劳,而是憎恨孟武伯这样的人不能够齐心合力,以致于战败,深深地认为这是可耻的,所以才这么说。孔子称赞孟子反,是通过这种方式来批评孟武伯这种大臣的意思。

▓ 当时以战胜为能,谁复于战败时观人、取

《四书遇》导读

人?

清之役,冉有帅左师入齐师,获甲首八十,齐不能师,宵遁。孟武伯帅右师入齐师而先奔,之反为殿。"马不进"之语,非故掩功,他实恨武伯辈不能同心戮力,以致丧师,深以为耻,故如此。夫子称之反,以是讨鲁臣意。

《论语》原典·佞美章

子曰:"不有祝鮀之佞,而有宋朝之美,难乎免于今之世矣。"

译文　孔子说:"一个人,没有祝鮀一般的好口才,却有如同宋朝一般的美色,那就很难在当今之世不受害了。"

♡ 张岱

朋友圈纵横谈(▰为原文)

张岱

这是圣人慈悲怜悯这个世界而说的话,如果当成是嬉笑怒骂,就不是孔子说这句话的本意了。

这也不是感慨世间行走艰难的话语,而是为磨炼英雄豪杰。

▰ 此大圣人慈悯世界语,若作嬉笑怒骂,便非立言本怀。

　　亦非嗟叹行路语,正磨炼豪杰语也。

《论语》原典·由户章

　　子曰:"谁能出不由户?何莫由斯道也?"

　　译文　孔子说:"哪个人能不从门户出来的?但为何没有人肯跟从大道行事呢?"

　　♡　张岱　周用斋

朋友圈纵横谈(▰为原文)

周用斋

　　不跟从大道的人,不是道以外的人,正是道内的人,修行和领悟都不通过道,这确实很让人奇怪、感叹,正像是走路的人不经过门一样。如果是坐着或者躺着的人,就由他去好了。

　　▰周用斋曰:不由道,不是道外人,正是道内人,即修悟都不由,此良可怪叹,正是走路人不由门户耳。若坐若卧,亦自听之。

《四书遇》导读

《论语》原典·文质章

子曰:"质胜文则野,文胜质则史。文质彬彬,然后君子。"

译文　孔子说:"质朴胜过文采则像个粗野之人,文采胜过质朴则像个掌文书的史官。只有文质互相融合而均匀,然后自然而然地成为君子。"

♡　张岱

朋友圈纵横谈(▇为原文)

张岱

> 野是指野人,史是指史官,都是指人的。君子是一个名词,不一定确实有这么个人,这就跟说"君子人与"一样,相当于说只有"文质彬彬"才能被称为君子。
> ▇ 野是野人,史是史官,都是人名。君子是空名,不必实有其人,与"君子人与"一样,犹云"文质彬彬",这样才叫做君子也。

《论语》原典·生直章

子曰:"人之生也直,罔之生也幸而免。"

译文　孔子说:"人生来应该是正直的,那些不遵从直道而能够生存的人,是他们的侥幸。"

♡　张岱　苏东坡

朋友圈纵横谈（为原文）

苏东坡

> 天生的东西原本都是直的,弯曲的都有一定缘故,而不是天生如此。木头的弯曲,可能是受到了挤压;水流的弯曲,可能是受到了阻碍。水不受阻碍,木不被挤压,没有不直的。所有的东西都是这样,何况人呢！所以天生的正理就是直的;不直而还生存的东西,是侥幸,而不是正道。
>
> 🔲 苏子瞻曰:天之生物必直,其曲必有故,非生之理也。木之曲也,或抑之;水之曲也,或碍之。水不碍,木不抑,未尝不直也。凡物皆然,而况于人乎！故生之理直;不直而生者,幸也,非正也。

张岱

> 被石头压着的笋会斜着出来,不得已而弯弯曲曲,也不妨碍它的本性是直的。
>
> 这个"直"字,和"质直""好直"等"直"

字是稍有不同的，它是指事物的本质，也就是性体。性体是没有善或恶、没有朝向或背离、没有选取或舍弃的；它脱离此也脱离彼，是单独存在的；即不属于中间也不边缘，是孤立存在的。所以说"直"就像是千仞之高的峭壁，不是思想、意识所能够得到的。

"直"是什么东西呢？就是《乾》卦卦象的中间那一横，将它竖起来，顶天立地，这是人之所以生的依据。人只要"直"，浩然之气充塞天地，就算死了也好像活着一样。人不"直"，没有诚信无法自立，活着也就像死去了一样。"不直"为什么被称为"罔"呢？人也就只有这一点纯粹之心，如果连这点纯粹之心都没有了，也就没有生机了。"罔"，就是无，"不诚不正就没有万物"。

▌石压笋斜出，屈曲委蛇，总不碍其直性。

此"直"字，与"质直""好直"等"直"字稍异，即性体也。性体无善恶，无向背，无取舍；离彼离此而卓尔独存，非中非边而巍然孤立。故曰"直"如千仞峭壁，非心思意识之所能攀跻。

"直"是何物？《乾》卦刚中一画，竖将起来，顶天立地，此人之所以为生。人而"直"，浩然充塞，死犹生也。人不"直"，无信不立，生犹死也。不直何以言"罔"？人只此一点真心，无此一点真心，生意绝矣。"罔"，无也。"不诚无物"。

张岱讲《论语》·雍也第六

《论语》原典·知之章

子曰:"知之者不如好之者,好之者不如乐之者。"

译文　孔子说:"知晓此道,不如喜好此道,喜好此道不如以学道为快乐。"

♡ 张岱

朋友圈纵横谈(▰为原文)

张岱

这里面最为精深微妙的地方,不是人们用一般见解能够参透的。正所谓云动月也动,船行岸也行,究竟是谁在动谁在行,难以分辨清楚,就容易看错。所以第一个步骤是先找到真相,这是最困难的。所学的东西必须要先去了解它,才能喜欢它。

将知晓引导为喜好,将喜好引导为快乐。知晓是志于道兴于诗的阶段,喜好是依据仁德遵循礼仪的阶段,以此为快乐是成于乐游于艺的阶段。真正知晓就一定会喜好,真正喜好就一定会以此为乐。

晋代有人说:"弦乐不如竹乐,而竹乐又不如人的清唱。"认为这是"越来越接近自然"。

▰个中精微之极,非人见闻知解易得参透。所谓云驶月运，身行岸移，恍惚成迷，漂入邪见。故第一着是寻见真种子，最难。所以学须知之，才能好之。

引知于好，引好于乐。知之者是志道兴诗之候，好之是据德依仁立礼之候，乐之是成乐游艺之候。真知必好，真好必乐。

晋人曰："丝不如竹，竹不如肉。"谓其"渐近自然"。

《论语》原典·中人章

子曰："中人以上，可以语上也；中人以下，不可以语上也。"

译文　孔子说："中等才能以上的人，可以和他讲更上面的高深的道理；中等才能以下的人，不可以和他讲更高深的道理。"

♡　张岱　周安期

朋友圈纵横谈（▨ 为原文）

周安期

孔子这类的儒者，没有听说过有半夜期间在室内秘密传道的事情，为什么说"可以语上""不可以语上"呢？这只是说听的人自己有可以的和不可以的之分。比如说孔子对"一贯之道"的传授,曾子说"是的",而弟子们表示"迷惑",这就是"上人"和"下人"的差别。有人问:孔子对中人以上的人和中人以下的人说的话是否是不一样的呢?徐子卿回答:普通人去买菜,买菜就用成色低的银子。像孔夫子这样的钱袋中的银子都是成色足的,只是轻重不同而已,任凭别人来取。就算是用来买米买粮食,也还是用这种银子,没有什么差别。

▇ 周安期曰:仲尼之徒,不闻有夜半入室而谈者,缘何说"可以语上""不可以语上"?只是此语人自有可不可耳。如一贯之传,曾子"唯",而门人"惑",此即是上下之分。或问:夫子语中人以上、中人以下有两样语否?徐子卿曰:常人买菜,买菜便用低银子。若夫子囊中原俱足色,只有轻重锱铢,听人取受;便使将买米纳粮,总是这个,无有二致。

《论语》原典·樊迟章

樊迟问知。子曰:"务民之义,敬鬼神而远之,可谓知矣。"问仁。曰:"仁者先难而后获,可谓仁矣。"

译文　樊迟问孔子什么是智慧。孔子说:"专用力于人事中应当做好的事情,对鬼神尊敬而保持一定距离,可以称得上是智慧了。"问什么是仁，孔子回答："仁者做难事的时候在前面，获得回报时甘居人后，就可以称得上是仁了。"

♡ 张岱

朋友圈纵横谈（▇为原文）

张岱

> 理解精深的义理，原本是属于"智"的事情，而孔子用一个"民"字来解说，是对他最切实熟悉的东西而说的。有人说："仁并不遥远，有什么难的呢？"回答说："真正难的，就是仁德之人的谨慎刻苦之心，这正是仁德之人真正用功的地方。"
>
> ▇ 精义入神，原属"知"之事，着一"民"字，就其最切近者言之耳。或曰："仁不远，何有难？"曰："难者，仁者兢业之心也，政是仁者之用力处。"

《论语》原典·山水章

子曰："知者乐水，仁者乐山。知者动，仁者静。知者乐，仁者寿。"

译文　孔子说："智者喜好水，仁者喜好山。智者常动，仁者常静。智者常乐，仁者常寿。"

♡ 张岱

朋友圈纵横谈（为原文）

张岱

智者是快乐的，不快乐的人是因为不明智，他们是呆板愚昧的、不能够通达宇宙大境界的人。仁者是长寿的，不长寿的人大部分都是不仁德的，他们是残忍刻薄的、不能够培养天地正气的人。

"仁""智"之道是相同的，而仁者和智者各有自己所达到的独特境界。就像是拥有共同的父母，孩子却有男有女；太阳和月亮都是相同的光，而一个照亮白天一个照亮黑夜一样。相同之中，并不妨碍有所差别，如果不是真正懂得道的人，就不能理解这一点。学者只知道学习"仁""智"的名称，而对它微妙的涵义完全不知道，所以孔夫子一一来告诉他们。

知者乐，不乐之人因不知，此拘滞愚暗之人，不达宇宙之大观者。仁者寿，不寿之人多不仁，此残忍刻薄之人，不培天地之元气者也。

"仁""知"一道，而仁者、知者各有所至。譬犹父母一本，而男女自成。日月同明，而昼夜各照。统同之中，无妨辨异，非知道者，不能识也。学者但习"仁""知"之名，而其底蕴微妙，漫然不知，故夫子探而历指之。

《论语》原典·一变章

子曰:"齐一变,至于鲁;鲁一变,至于道。"

译文 孔子说:"齐国有所变化可以达到鲁国的样子;鲁国有所变化则可以达至先王之道。"

♡ 张岱

朋友圈纵横谈(▨为原文)

张岱

> 姜子牙是大贤,周公是圣人,他们留下的教化却是这样的不同。这是汉代注疏的说法。汉武帝在诏书中说:"我听说天地不变化,就不能生育万物;阴阳不变化,万物就不能旺盛繁茂。《易》说'根据新的环境进行治国之道的调整,使人民丰衣足食'。《诗经》说'多次改变再进行贯通,是有见识的选择'。我欣赏尧舜而喜欢商汤文武,用旧的治国之道来检视新的,所以大赦天下,和人民一起进行新的开始。"由此可以知道"变"字的含义。
>
> 就像人们摆放书房的床、椅子一样,更换一下位置,就会觉得很清爽。"变"也是做学问、治理天下不可缺少的。

张岱讲《论语》•雍也第六

🔲 太公大贤，周公圣人，故遗化不同如此，此汉注之说。汉武帝诏曰："朕闻天地不变，不成施化；阴阳不变，物不畅茂。《易》曰'通其变，使民不倦'。《诗》云'九变复贯，知言之选'。朕嘉唐虞而乐殷周，据旧以鉴新，其赦天下，与民更始。"于此可想"变"字之义。

如人摆设书房床椅，互易其处，便觉耳目清爽。"变"字亦学问、治道所不可少。

苏东坡

以前姜子牙治理齐国，周公治理鲁国，到了数十代之后，他们子孙的强弱，国家风俗的好坏，都是可以推测得到的。为什么呢？他们施政专一，根据当时的情形是势所必然。

🔲 东坡曰：昔者太公治齐，周公治鲁，至于数十世之后，子孙之强弱，风俗之好恶，皆可得而逆知之。何者？其所施专一，则其势固有以使之也。

《论语》原典·不觚章

子曰："觚不觚，觚哉！觚哉！"

译文　孔子说："觚早就不是觚了，还称什么觚呀！还称什么觚呀！"

♡　张岱　季彭山　苏东坡

朋友圈纵横谈（为原文）

季彭山

着重说"觚"字，是因为当时的风俗是比较崇尚通融的，毁方为圆（比喻去严刑而从简政），喜欢磨掉棱角，所以用"觚"字来寄托感慨。

 季彭山曰：重"觚"字说，因当时人习尚通融，破觚为员，多磨棱倒角，故以"觚"致慨。

《论语》原典·从井章

宰我问曰："仁者，虽告之曰：'井有仁焉。'其从之也？"子曰："何为其然也？君子可逝也，不可陷也；可欺也，不可罔也。"

译文　宰我问孔子："仁人，即便告诉他：'井中有人啊（去救人就是仁）。'他会跟从入井吗？"孔子说："为什么要这样呢？可以诱骗君子让他到井边看，但不可以陷害他入井；他可以被骗，但不可以用没道理的事情去愚弄他。"

♡　张岱

朋友圈纵横谈（为原文）

张岱

到井里去救人，即便有不辞劳苦、舍己为人的情怀和学问，如果执着于一个念头，自己也会没有安身立命的地方。运瓮的人，自己是身居瓮外的，可以被诱骗但不可以被陷害，可以被骗但不会因为被骗而糊涂，在世间行走，有大修为大智慧的人是纵横自如、出入从容的。

仁者在困境之中，要能找到绝处逢生的办法。曾经有一个参禅的人问："假如说有一个人嘴巴咬着树藤，两手张开，吊在百丈悬崖上，悬崖下面有人问：'达摩祖师来中国传播佛教的心法是什么？'如果回答他，就会掉下来摔死，如果不回答，就辜负了他跑来问道的心意，这该怎么办呢？"禅师回答说："请他在那个人没有咬树的时候来问。"

司马光砸破缸来救出小孩子，这才是宰相用的方法。

▇ 从井救人，便是摩顶放踵学问，一念执着，自家亦无安身立命去处。运瓮者身居瓮外，可逝不可陷，可欺不可罔，出没纵横，大修行人故自如是。

仁者有个穷处，要寻绝处逢生法。昔有一参禅者问曰:"譬如有人口咬树藤,两手撒开,悬崖百丈,下面有人问曰:'如何是祖师西来意?'若应他,丧身亡命,若不答他,辜负了他来意,却是如何?"禅师答曰:"请他在未咬树时节来问。"

司马温公击瓮救出小儿,才是宰相手段。

《论语》原典·弗畔章

子曰:"君子博学于文,约之以礼,亦可以弗畔矣夫!"

译文 孔子说:"君子广泛地学习人文,用礼来约束和规范行为,如此,就不会离经叛道了。"

♡ 张岱

朋友圈纵横谈(▮为原文)

张岱

颜回是"博我以文,约我以礼",然后就有了卓尔不凡的见解,重点都在"我"字上。这里仅仅说"博学以文""约之以礼",那么就仅仅是"可以弗畔(叛)"而已了。这是陆九渊参透精微的见解,朱熹和二程都没有达到这种高度。

▮ 颜子博我以文,约我以礼,遂有卓尔之

张岱讲《论语》·雍也第六

见,全重"我"字。此但云"博学以文""约之以礼",则仅"可以弗畔"而已。此陆象山入微之见,朱程皆不及。

《论语》原典·南子章

子见南子,子路不悦。夫子矢之曰:"予所否者,天厌之!天厌之!"

译文　孔子去见南子,子路不高兴,孔子发誓说:"我发誓要是我所做的不合于礼,天将厌弃我!天将厌弃我!"

♡ 张岱

朋友圈纵横谈(▉为原文)

张岱

孔子拜见南子,所妙之处在于子路的发怒,这可以看出圣贤遵循礼仪和道义的门风,让人精神气貌更加振奋。就如同读《水浒传》,看到李逵砍倒杏黄色的义旗,会让人感受到梁山好汉的忠义之情,令人倍感肃然起敬。孔子只是发誓,而没有向子路解释,让子路不高兴的感觉更加强烈了。女人坐在怀中而没有发生非礼行为,这是圣人做的事情，贤人就做不到。关上门拒绝不好的东西进来，这是贤人做的事情，圣人就不需要这么做。子路不高兴，正是子路关上门拒绝不良事物的表现。所以说"论善于向柳下惠学习，都不如鲁国的那个男子"。南子夜里坐在蘧伯玉怀中而检视了蘧伯玉的贤德。妖妇南子用君主夫人接见的礼仪来邀请孔子见面，能够笼络圣贤豪杰，也是唐代武则天这一类的人。

> 子见南子，妙在子路一怒，则圣贤循礼蹈义家风，神气倍振。如读《水浒传》，黑旋风斫倒杏黄旗，则梁山忠义，倍觉肃然。夫子第矢之，而不与解释，政所以坚其不悦之意也。坐怀不乱，圣人所为，贤人则不可为。闭户不纳，贤人所为，圣人则不必为。子路之不悦，子路之闭户不纳也。故曰"善学柳下惠，莫如鲁男子"。南子夜坐而识蘧伯玉之贤。以见小君之礼，要见吾孔子。妖妇人能笼络圣贤豪杰，唐武曌一流人也。

《论语》原典·中庸章

子曰："中庸之为德也，其至矣乎！民鲜久矣。"

译文　孔子说："中庸作为一种德，可以算是至极了！人民少有这种德太久了。"

♡　张岱

张岱讲《论语》·雍也第六

朋友圈纵横谈（ 为原文）

张岱

"至"，就是没有声音、味道的意思。人们通过思考来勉强求取，所以很久都少有中庸之德了。《中庸》一文中这句话多了一个"能"字，就丢掉了孔子的本意。

至者，无声无臭之谓。人以思勉求之，故鲜久矣。《中庸》多一"能"字，殊失夫子之旨。

《论语》原典·施济章

子贡曰："如有博施于民而能济众，何如？可谓仁乎？"子曰："何事于仁！必也圣乎？尧舜其犹病诸！夫仁者，已欲立而立人，已欲达而达人。能近取譬，可谓仁之方也已。"

译文 子贡说："如果能够对民众广泛地施与和救济，这样的人怎么样呢？可以称得上仁吗？"孔子说："这哪里只是仁呢？一定要说这样的人可称为圣人了！即使是尧舜都会于此有不足之处啊！仁人，自己想要立德，也会想帮助他人去立德，自己想要达道，也会帮助他人去达道。能够将自己的愿望联想到他人身上，可以称得上是为仁的方法了。"

♡ 张岱 朱熹

朋友圈纵横谈（为原文）

张岱

梁武帝铸造佛像、撰写经书、修饰寺庙，问达摩祖师自己这么做是不是有功德？达摩祖师回答说"其实并没有功德"。博施济众，都是建立功德的想法，所以孔子提出要把最根本的东西归结到自己身上，而又不仅仅是只空谈而不去落实。重要的关键和用处都在"立""达"这两个字上，有几人能够理解呢？

 梁武铸像造经，崇饰梵宇，问达摩有功德否？达摩云"实无功德"。博施济众，总是功德念头，所以圣人提出本领销归到自家身上，却又不是虚愿口谈没把柄的话。大机大用全在"立""达"两字，非解人谁与归？

朱熹

打个比方说，东洋大海里的固然是水，但不能够认为只有东洋大海里的水才是水。瓶子里面倒出来的也是水啊。

 朱子曰：譬如东洋大海固是水，但不必以此方为水。只瓶中倾出来的便是水。

张岱

广泛地施与固然是仁,但是看到孩子即将掉进井内的瞬间生发出的又担忧又同情的心,也是仁。这个比喻非常好。

尧舜时期,百姓不多尚且还不够广泛施与和救济,怎么能去苛责夏商周三代以后的人呢?在繁盛兴旺之时,圣贤找到问题的关键所在,所以讨伐诛杀没有结束的时候,不进行施与、救济。所以说:"尧舜的根本还在。"

博施固是仁,但那见孺子怵惕恻隐之心亦是仁。此喻甚好。

尧舜时几个百姓尚病博济,奈何以责三代下人物?繁兴之时,圣贤讨得头脑,是故诛伐行不止,不施济矣。曰:"唐虞种子在。"

述而第七

张岱讲《论语》·述而第七

《论语》原典·好古章

子曰:"述而不作,信而好古,窃比我于老彭。"

译文　孔子说:"传达古人的本意而不添加自己的创作,对于古人持有相信而向往的态度,姑且把我比作信古而传述的老彭吧!"

♡ 张岱

朋友圈纵横谈(▨为原文)

张岱

荀子提倡效法后来的王者,只是因为他对远古的历史是信不过的,圣人认为世间之事都是合于中道的,不需要动用人力,伏羲演示《易》就已经是在效法天地之道了,更何况经过各位圣人的筹划,还存在破绽吗?

彭祖钱铿在周朝做柱下史(官名),年轻的时候就喜欢恬静自适,等到升任大夫,称病不参与政治之事,喜欢阅览古籍,由此而闻名于世。

▨ 荀子法后王,只是于古处信不及,圣人看得世间事事端正,不费手脚,羲皇衍《易》已是效天法地,何况经列圣人裁成,尚有破绽去处否?

老彭钱铿在周为柱下史,少好恬静,及为大夫,称疾不与政事,好览古籍,以此名世。

259

《四书遇》导读

《论语》原典·默识章

子曰："默而识之，学而不厌，诲人不倦，何有于我哉？"

译文　孔子说："不多说话而谨记在心，勤奋学习而不厌烦懈怠，教诲他人不感到疲倦，这对于我而言有什么问题呢？"

♡ 张岱

朋友圈纵横谈（▰为原文）

张岱

学者将学习、教育他人看得很容易，孔子曾经认为自己"为之不厌，诲人不倦"，为什么这里又说了一句"何有于我"呢？所以不得不在"默而知之"这一句话上面，做一些解释。古代有高僧大德说：老僧人吃饭，每一口都吃在肚子里。世间的万千普通人，仅仅吃饭这一件事，都没有对的地方，更何况其他事情！普通人认为十分容易的事情，圣人往往认识到它的繁琐、困难。

▰ 学者太看得学诲人等闲容易，夫子曾自认"为之不厌，诲人不倦"矣，如何此处又说个"何有于我"？故不得不于默识句，作些神通。古德云：老僧吃饭，口口吃在肚里。世间千万众生，只一吃饭,无有是处,何况余事!常人视为十分容易者,圣人视为十分烦难。

《论语》原典·吾忧章

子曰:"德之不修,学之不讲,闻义不能徙,不善不能改,是吾忧也。"

译文　孔子说:"德行不加以修习,学问不精于讲习,听到应当做的事情却不能改变而跟从,不善的不能够改正,是我的担忧啊。"

♡　张岱　徐子卿

朋友圈纵横谈(▇为原文)

张岱

　　庚子年间,山东乡试出了这道题,主考在解元的卷子上批示说:"吾忧"这句话的理解,长时间被朱熹的注解给阻碍了,不知道"忧"字就是曾子所说的"三省"的"省"字的意思,而不是不能够做到而开始忧愁。总之,这句话里面提到的这四件事,都是我们切身实行的功夫,是我们应该时时刻刻勤恳、谨慎的事情。

　　▇庚子,山东出此题。主司批解元卷云:"吾

> "忧"句久被紫阳注脚障碍，不知"忧"字即曾子"三省""省"字，非是不能而始忧。总之四者，是吾切己功夫，吾所当时时兢惕者耳。

徐子卿

> 追随情感欲望而舍弃自己的天命禀赋，贪图享受而忘记了远大的志向，任人摆布而没有自己的主见，听天由命而自己没有变化气质的学问：这四者都是君子的大耻辱。
>
> 徐子卿曰：徇情欲而舍性命，图受用而忘远大，听人穿鼻而全无自己本领，听天陶铸而没些变化学问：四者君子之大耻。

张岱

君子提升道德建立功业，全都在于能够保持运动保持变化，这就是风、雷之所以为益的原因。不修德不讲学，不迁善不改过，完全不运动不变化，有什么进益呢？所以说"吾忧"。

听一个善于经营家业的人说：人要想获得利益，必须要时时刻刻运行改变，那么家业就会每日有所增加。如果只是守着目前的成果，丝毫不去经营运行，那么就算老天想让你富，也不知道从哪里让你富。这句话虽然说的是小事，但是可以用来比喻做学问。

 君子进德修业，全在能动能变，此风雷之所以为益也。不修不讲，不徙不改，全然不动不变，则益在何处？故曰"吾忧"。

闻之善作家者曰：人欲营利，必时时运动，则家业日长。若守定目前，毫不营运，天欲富女，亦无从而富女矣。此言虽小，可以喻学。

《论语》原典·燕居章

子之燕居，申申如也，夭夭如也。

译文　孔子闲暇无事之时，看上去容貌舒展，容色愉悦。

♡ 张岱

朋友圈纵横谈（为原文）

张岱

《礼记》里有《仲尼燕居》《子闲居》这两篇，那么可知"燕居"也不是关门独处，而是弟子们请教和讨论学问的时候。对待人平易谦和，这正是孔夫子循循善诱之处。"申申"主要说容貌，

> "天天"主要说"面色",也就是《礼记·玉藻》中所说的"燕居告温温"的意思。
>
> 　　有人问:"孔子燕居的时候,为什么能够做到'申申'和'天天'呢?"我回答:"山中空无一人,水自流花自开。"
>
> 📖 《礼记》有《仲尼燕居》《子闲居》二篇,则"燕居"亦不是闭门独处,正是弟子问业讨论之时。示人和易,正是夫子循循善诱处。申申主容,夭夭主色,亦即《玉藻》所谓"燕居告温温"也。
>
> 　　或问:"孔子燕居,何以申申夭夭?"余曰:"空山无人,水流花开。"

《论语》原典·吾衰章

　　子曰:"甚矣吾衰也,久矣吾不复梦见周公。"

　　译文　孔子说:"我衰老得太厉害啦!很久都没有再梦见过周公了。"

　　♡ 张岱

朋友圈纵横谈（为原文）

张岱

　　孔子梦到周公，尚且像耳中响着磬声，眼中落进金粉一样有所执着。一直到梦不到的时候，才是一起都放下了。正所谓去年贫穷不是贫穷，今年贫穷才算是贫穷。说"吾衰"，正是到达了放下一切的境界了。子韶说：以前孔子和周公还是有隔阂的，所以经常会在梦中思索；到现在心灵已经相通了，那么你向西我向东也就没关系了。

　　卫玠说："从来没有梦到过坐着车到老鼠洞里面或者把铁棒捣碎了吃掉，是因为没有过这种想法和来由。"梦到周公的时候，孔子尚且还有所执着，有其因由。

　　孔子梦周公，尚是耳中鸣磬，眼中金屑。直到不梦时，便是一齐放下。所谓去年贫不是贫，今年贫始贫耳。曰"吾衰"，政已到大休歇处。子韶云：向也于公隔一重，寻思常在梦魂中；而今直与心相识，尔自西行我自东。

　　卫叔宝曰："未尝梦乘车入鼠穴，捣齑啖铁杵，无想无因也。"梦周公时，夫子尚着因想。

《四书遇》导读

《论语》原典·志道章

子曰:"志于道,据于德,依于仁,游于艺。"

译文　孔子说:"心向着道,据守着德,依顺着仁,游适于艺。"
　　♡　张岱　艾千子　徐子卿

朋友圈纵横谈(📖 为原文)

 艾千子

"道""德""仁""艺",是经常提及的名词,而"志""据""依""游",是学者之所以能够获得道德仁义的方法。圣人是这么教育大家的,用自己的实际行动来达到那些名词,不是真的要按照步骤一种一种地来,就像现在的科举文章所说的那样。

📖 艾千子曰:"道""德""仁""艺",是旧名,"志""据""依""游",是学者所以求道德仁艺也。圣人教人如此,以实事赴空名耳,非真有逐节相生,如时文之让也。

张岱

不是一直到"依仁"完成了才去"游艺"。这个解释是非常妙的,不然一生都没有"游艺"的时候了。有前辈说:《论语》后面所说的兴于诗、立于礼、成于乐,都是"游艺"的修养功夫。

📖 不是直到依仁方去游艺,即志道时未尝不游艺。此解妙绝,不然终身无游艺时矣。

有先辈曰:后面兴诗、立礼、成乐,便是游艺的功夫。

 徐子卿

有人为"游于艺"怎么理解?我回答:不要说得像儿戏一样,就像善于游泳的人在水中游而不被淹没,这是什么样的能力啊?先要问是做什么的。

📖 徐子卿云:或问"游于艺"?余曰:也莫说得儿戏,如善游者入于其中而不溺,是何等手段?先要问"艺"是怎么。

《论语》原典·束脩章

子曰:"自行束脩以上,吾未尝无诲焉。"

《四书遇》导读

译文　孔子说:"自有带着十脡肉干的礼节来求见我的起,我从来没有不给予教诲的。"

♡　张岱

朋友圈纵横谈(▮为原文)

张岱

《论语》《礼记》解"束脩"为一束肉脯,十个干肉条为一束。东汉的延笃说:"我自从束脩以来,作为别人的臣子,从来没有不忠诚过。"注解为"束,即是带。脩,就是饰"。李固在《奏记梁商》中说:"王孙公子应当束脩并砥砺自己的节操。"晋代的荀羡抓住了贾坚,贾坚说"我束脩自立,你怎么能让我投降呢"都是检点约束、修饰的意思,和《论语》中的意思是不同的。

▮《论语》《礼记》解束脩,束脯也,十脡为束。延笃曰:"吾自束脩以来为人臣,不陷于不忠。"注"束,带。脩,饰也"。李固《奏记梁商》曰:"王公束脩厉节。"晋荀羡擒贾坚,坚曰"吾束脩自立,君何谓降耶"皆检束、修饰之义,与《论语》不同。

张岱讲《论语》·述而第七

《论语》原典·愤悱章

子曰:"不愤不启,不悱不发。举一隅不以三隅反,则不复也。"

译文 孔子说:"不心愤求通,不去启示他,不口悱难言,不去开导他。用一个角落去举例,而不会用其他三个角落去反过来相互证明,那么就不再告诉他了。"

♡ 张岱

朋友圈纵横谈(▬ 为原文)

张岱

"不愤不启",孔子孜孜不倦地教诲人,只是想让人能够自己有所得,根据他的本性教给他一些东西。所谓我嘴里说出来的话不适合你来使用,就是这个意思。

凡是用话语来表达的,只能说出一方面,不是不愿意说出其他方面,而是不能。就像是画一个人:画他的脸就一定不能同时画出他的背,画侧面就不能同时将他的各个面都画出来。想要完全画出,世上就不存在这个人了。

▬ "不愤不启",夫子惓惓教人,只要人自得,随根付与。所谓吾口里说来不中女用者,是也。

> 凡落说话,只得一隅,非不举他隅,不能举也。如画人物:画面必不能画背,画侧影必不能画全影。欲画完,世无此人物矣。

《论语》原典·丧侧章

子食于有丧者之侧,未尝饱也。子于是日哭,则不歌。

译文　孔子在有丧事的人身旁进食,从未吃饱过。孔子在吊丧那天哭了,就不再歌唱了。

♡　张岱　孙淮海

朋友圈纵横谈(为原文)

 孙淮海

> 在有丧事的人身边不吃饱,是以孝子吃到美食也不觉得好吃的心为自己的心。吊丧哭泣之后不歌唱,是以孝子听到美妙音乐也不快乐的心为自己的心。
>
> 孙淮海曰:丧侧不饱,以食旨不甘之心为心也。哭则不歌,以闻乐不乐之心为心也。

张岱讲《论语》·述而第七

《论语》原典·用行章

子谓颜渊曰:"用之则行,舍之则藏,惟我与尔有是夫!"子路曰:"子行三军则谁与?"子曰:"暴虎冯河,死而无悔者,吾不与也。必也临事而惧,好谋而成者也。"

译文 孔子对颜渊说:"有需要用的时候就将此道行于事,不需要的时候就将此道隐藏起来,只有我和你是这样的啊!"子路说:"夫子若是要带领三军前行,将和谁一起呢?"孔子说:"徒手搏虎,徒身涉河,死了也毫无悔恨的人,我是不与他一起做事的。就算要一起的人,也必定是面对事情能小心谨慎,能够谋划之后再决定行事的人。"

♡ 张岱 杨复所

朋友圈纵横谈(▇为原文)

张岱

@王樵所著的《绍闻编》中指出,"用之则行,舍之则藏"这两句话,应当着重理解两个"则"字。用他则道就会显现出来,不用他则他将此道藏于己身。两个"则"字,如果雨雪停止天气放晴就会出行,如果路上积水就会止步。

▇《绍闻编》云:用行二句,当就两个"则"字看。用之则见成将出来,舍之则藏了。两个"则"字,如霁则行,潦则止。

张岱

遇到事情不是身临战场,这一点需要明白。

▋临事原非临阵,此中急宜着眼。

 杨复所

"唯我与尔有是夫",一向被看作连同自己和颜回一起说,其实圣人完全没有这样的口气。

▋杨复所曰:"唯我与尔有是夫",向作牵连自家与颜子说,圣人殊无此等口气。

张岱

这里的"与"字与下文的两个"与"字一起看,可知孔子称赞颜回能够"用则行,舍则藏也",并没有将自己包括进来。

子路如果能够领会这句话的深意,那么子路最终"结缨而死"的劫难,其实是可以避免的。

▋此"与"字,与下文二"与"字一般看,盖夫子许颜子能"用则行,舍则藏也",并不连自家说在内。

子路若领略此言,则结缨之难,可以不死。

《论语》原典·执鞭章

子曰:"富而可求也,虽执鞭之士,吾亦为之;如不可求,从吾所好。"

译文 孔子说:"富贵若是可以求取的,即使是做一个执鞭的人,我也愿意去做。如果是不可以求取的,那么就跟从我所喜好向往的。"

♡ 张岱

朋友圈纵横谈(▮为原文)

张岱

生活在纷纷扰扰的红尘之中,见到清泉白石,不免会有像挣脱的兔子一样逃回林间的想法。黄粱未熟梦未醒,依然想在世间得到一些东西。直到行走到黄河渡口无路可走,懊丧地死去,这一切的欲望念想才算是结束了。

▮ 扰扰红尘,见清泉白石,未免有脱兔投林之想。黄粱未熟,偷心不画。行到黄河渡口,才嗒然死了去也。

《论语》原典·子慎章

子之所慎：齐、战、疾。

译文　孔子谨慎对待三件事：斋戒、战争、疾病。

♡　张岱　丘毛伯

朋友圈纵横谈（▮ 为原文）

张岱

孔子说"我参战就能克敌制胜，祭祀就能得到福佑"，就是在说"慎"字。这个"慎"字就是"齐、战、疾"这三者的正道，不是还有什么别的方法能够让这三者变好。

▮ 孔子曰"我战则克，祭则受福"，盖言"慎"也。即此"慎"字，是三者之善道，非更有何道以善此三者也。

 ### 丘毛伯

孔子谨慎对待祭祀，不是为了求得福佑，而是不轻慢神灵；他谨慎对待战争，不是害怕敌人，而是不轻视敌人；他谨慎对待疾病，不是贪生怕死，而是不轻贱生命。

▎丘毛伯曰：其慎斋也，非幸福，是不慢神；其慎战也，非怯敌，是不轻敌；其慎疾也，非贪生，是不轻生。

张岱

"慎"，就是在祭祀之前、参战之前、生病之前，都切实做过一些努力，而不是到口渴的时候才开始挖井。所以说："圣人不在已经生病后再医治，而是在生病之前进行预防。"

▎"慎"者，于斋之前，战之前，疾之前，着实有一番功夫，不是临渴治井。故曰："圣人不治已病，治未病。"

《论语》原典·闻韶章

子在齐闻《韶》，三月不知肉味，曰："不图为乐之至于斯也。"

译文　孔子在齐国听到《韶》乐，三个月间不知道肉的味道。他说："我没想到音乐美好到这种程度。"

♡　张岱　苏东坡

朋友圈纵横谈（为原文）

苏东坡

孔子向子襄学琴。学习了乐曲的内容，知道了弹奏的技巧，了解了乐曲的意境志趣，懂得了作曲之人。他通过音乐了解到文王默然沉思、高瞻远瞩而志向远大，了解到他皮肤深黑，体形颀长，眼神明亮而视野高远，心就像一个统治四方诸侯的王者。他也能够通过音乐来了解舜，所以"三月不知肉味"。

东坡云：孔子学琴于子襄。习其音，知其数，得其志，知其人。其于文王也，见其穆然深思，高视远志，见其黝然而黑，几然而长，眼如望羊，心如欲王四国。其于舜可知，是以"三月不知肉味"。

张岱

我们大明朝的杨椒山，潜心思考音乐之道，梦到舜亲自教他黄钟的音律。更何况孔夫子与神人圣人心灵相通，他的感召力更是超过常人百倍。

我明杨椒山，潜思乐理，梦见大舜亲授以黄钟之律。何况吾夫子以神圣相遇，其感召更百倍常人也。

张岱讲《论语》·述而第七

《论语》原典·卫君章

冉有曰:"夫子为卫君乎?"子贡曰:"诺。吾将问之。"入,曰:"伯夷、叔齐何人也?"曰:"古之贤人也。"曰:"怨乎?"曰:"求仁而得仁,又何怨?"出,曰:"夫子不为也。"

译文 冉有说:"孔子是否愿意为卫君谋政事呢?"子贡说:"好,我将去问问夫子。"进入孔子房间,问道:"伯夷、叔齐是什么人呢?"孔子说:"是古代的贤人啊!"子贡说:"他们心中有怨恨吗?"孔子说:"他们志在求仁,便能得到仁,又有什么怨恨呢?"子贡出来说:"老师是不会去为卫君谋事的。"

♡ 张岱

朋友圈纵横谈(▇为原文)

张岱

> 伯夷说"有父亲的命令"。叔齐说"不是治理国家所应当的"。两人所看重的,不是兄弟之间的关系,而是父子关系,所以听到单面的供词就可以断案。仁,即是人心的本质;心以之为安的东西,就是仁。
>
> 《春秋》中记载蒯聩一定能当卫国世子,卫国还不至于灭亡。一定要记载的是,公子辄的恶行是不能掩盖的。孔夫子不去帮助公子辄是明智的。

277

《春秋公羊传》则把公子辄抗拒命令当作是正当的，慕容舆这样的人也就认为抗拒父亲的命令是可以的，事件发生之后大家还都是如此。所以当时冉有、子贡他们有疑惑，没什么可奇怪的。

当时的卫国只有确立世子的法度才能够解除纷争，所以为他们详细说伯夷叔齐的事迹。

伯夷、叔齐遵从父命、重视伦理，将国家让给自己的弟弟。而叩周武王之马对他进行劝谏，是为了和周武王争夺天下将其还给殷商，又尽了为臣之道，都是为了求得心安。夫子称赞他们仁德，连忠孝都不足以形容他们；因为忠孝是就人的行为而言的。圣人评论一个人，必定考虑他的内心。

■ 伯夷曰"有父命"。叔齐曰"非治命"。两人所急者，原不在兄弟，而仍在父子，故片言可以折卫狱。仁，人心也；心之所安，便是仁。

《春秋》书蒯聩必称卫世子，明未绝于卫也。围戚必书，明辄恶之不可掩也。夫子之不为辄也明矣。

《公羊》以辄之拒命为正，慕容舆辈遂以之拒父为可，事后犹纷纷如此。当日求、赐之疑，不足深怪。

当时卫国只有立中子之法可以解纷，故为之详言夷齐。

伯夷、叔齐尊父命，重天伦，让其国于弟。而叩马之谏，直与周争天下以还之殷，又尽臣道，总是求其心之安。夫子与其为仁，忠孝不足以名之；忠孝其事也。圣人论人，必论其心。

《论语》原典·蔬水章

子曰："饭蔬食饮水，曲肱而枕之，乐亦在其中矣。不义而富且贵，于我如浮云。"

译文　孔子说："吃着粗粮喝着水，头枕在弯曲小臂上，其中也是可以有快乐的。不应当获得的富贵，对我来说就是天边的浮云。"

♡ 张岱

朋友圈纵横谈（▇ 为原文）

张岱

富贵如同浮云，并没有说不要富贵，也没有说要富贵，需要义在其中调和，不靠近也不远离，@李梦阳说"不义而富且贵，于我如浮云"这句话，自从汉代的儒者以来，都只是说富贵像浮云，说得太过了，这就是中庸之道非常罕见的一个表现。@周敦颐说：君子以合乎道义为重。而说将金玉视为尘土，将官位爵禄看得非常轻，那如果这些是合乎道义的，也要轻视它们吗？

不义之富贵如浮云，正是孔子在粗茶淡饭、曲肱而枕的时候想到的，这正可以让人想象到他乐在其中的景象。孔子在泗水曲肱而枕和谢安在东山每天被俗世纷扰，这之间的境界真是天差地别。

▇ 富贵如浮云，不曾说不要富贵，亦不曾说富贵，要义转合在中，不即不离，李崆峒曰："不义而富且贵，于我如浮云。"汉以下儒者，只言富贵如浮云，过矣，斯中庸之鲜也。周茂叔曰：君子以道充为贵。而曰尘视金玉，铢视轩冕。如义，亦尘铢之乎？

如浮云，就蔬水曲肱时见，正可想象乐在其中光景。"用之则行，舍之则藏"，圣人毫不介心。曲肱泗水与捉鼻东山，其意境天壤悬绝。

《论语》原典·学易章

子曰："加我数年，五十以学《易》，可以无大过矣。"

译文　孔子说："假如再给我多几年寿命，去学习《周易》，就可以没有大过错了。"

♡　张岱

朋友圈纵横谈（为原文）

张岱

春秋时期，圣人只应当归隐。孔子一生忙碌奔波，有多少失误、过错的地方呢？这种环境中非圣人不能冒险行事，也非圣人不能行于艰难中而免于死亡。别人看到的圣人的惊天动地的事情，正是圣人自己心中隐隐后悔的地方。孔子五十岁学《周易》，应该是有隐退的想法了吧？

写作《周易》的人，身处忧患吗？从这里仔细印证，觉得伏羲、周文王、周武王、孔子都有过失了。日常生活喝水吃饭，没有不存在过失的。颜回的不重复犯错，蘧伯玉的清心寡欲，就是圣人的《周易》。孔子晚年喜欢《周易》，包括《序》《彖》《系》《象》《说卦》《文言》。他读《周易》，将穿竹简的牛皮绳子都翻断了三次，说："再给我几年时间，这样的话，我就能够将《周易》融会贯通了。"

朱熹用《周易》占卜，卜到了《遁》卦的三爻，然后就绝口不谈论朝政之事了，可见圣贤一生所用的无非是《周易》罢了。

春秋时，圣人只合隐。栖栖遑遑，有多少措失，多少过错处。此处非圣人不能冒险而行，亦非圣人不能履难而免。他人所视，圣人惊天动地者，正圣人隐隐自悔于中者也。五十学《易》，其有遁之思也夫！

> 作《易》者，其有忧患乎？从此细印，觉羲、文、周、孔同在过中。日用饮食，无非过端。颜之不贰，蘧之欲寡，便是圣人之《易》。孔子晚而喜《易》，《序》《象》《系》《象》《说卦》《文言》。读《易》，韦编三绝，曰："假我数年，若是，我于《易》则彬彬矣。"
> 朱晦翁卜《易》得遁之三爻，遂绝口不谈朝政，可见圣贤一生所用无时非《易》。

《论语》原典·雅言章

子所雅言，《诗》，《书》，执礼，皆雅言也。

译文　孔子平日使用雅言，如读《诗经》《尚书》，执行礼事，都是用雅言的。

♡ 张岱

朋友圈纵横谈（▭为原文）

张岱

> "子罕言""子不语""子以四教"这些记述，都是罗列出包括的条目就罢了，而这里独独多了"皆雅言也"这一句话，这是记录者记录完了《诗》《书》、"执礼"之后又加以寻味而书写

的。就是恍然明白，孔夫子平时所说的话，都是雅言，在此特别有感悟的意思。

圣贤行礼就像拿着珍贵的玉器，又像捧着装满水的杯子，所以说"执礼"。

古人写书叙事，很多时候都在重复的那句话上传达出神韵。

▮"子罕言"，"子不语"，"子以四教"，皆列其目而止，而此独多着"皆雅言也"一句，此是记者述《诗》《书》、"执礼"而又寻味之词。盖恍然会意，夫子平日所言，莫非是也，于此煞有领会。

圣贤行礼：如执玉，如捧盈，故曰"执礼"。

古人著书叙事，多于复一句处传神。

《论语》原典·叶公章

叶公问孔子于子路，子路不对。子曰："女奚不曰：其为人也，发愤忘食，乐以忘忧，不知老之将至云尔"。

译文　叶公向子路询问孔子，子路不回答。孔子说："你为什么不说：他这个人，心下发愤读书，连吃饭都忘记了，心里快乐得忘记了烦忧，连自己快老了都浑然不知。"

♡ 张岱

朋友圈纵横谈（为原文）

张岱

> 子路不回答，不是因为鄙视叶公，就像是一部十七史应该从哪里说起呢。"愤""乐"这几句话，子路确实是说不出的：说不出而搁置在那里不去回答，这正是子路的伟大之处。
>
> 万物依靠"怒"而生发，看这一个"愤"字确实有龙腾雷震的景象。"愤"就是"乐"，没有差别，这是孔子一生得益的地方。
>
> 子路不对，不是鄙叶公，所谓一部十七史从何处说起也。"愤""乐"语数，子路实道不出：道不出而置之不对，正是子路高处。
>
> 万物以怒而生，看一"愤"字真有龙雷震动之象。"愤"便是"乐"，原无二层，此是宣圣一生得力处。

《论语》原典·敏求章

子曰："我非生而知之者，好古敏以求之者也。"

译文 孔子说："我不是生来就能够知道一切的，我的知识是喜好古事、勤奋敏捷地求得的啊。"

♡ 张岱

朋友圈纵横谈（ 为原文）

张岱

圣人是从童谣之中知道萍实，从古代的记述中知道羵羊，从《周书》中知道肃慎（古民族名）的楛矢，从《齐风》中知道商羊鸟的舞蹈。这一类的知识，人们都说是孔子天生就知道的，他们不知道这些都是孔子喜好前言往行而勤于求知得到的。这是孔子自己的真实记录，而不是谦虚之词。

譬如说有人偶然想起一个故事，记不清楚，赶快拿出书来查考，就能够清楚知道了。如果稍微放松懈怠，就会将书束之高阁不去翻阅，所以孔子特地用了一个"敏"字。

圣人有听到或见到的事情，每件事都去考查研究，不会耽搁，所以说："敏而求之"。

圣人知萍实而得之童谣，知羵羊而得之古记，知肃慎之矢而得之《周书》，知商羊之舞而得之《齐风》。凡此，人皆谓之生知，而不知皆其好古敏求之者也。此是圣人实记，不是谦词。

如人偶忆一故事，不得其详，亟取书本来查，便自了晓。如略一放懈，则高阁置之矣，故圣人特地下一"敏"字。

圣人有所闻见，事事考究，不待时刻，故曰："敏以求之。"

《论语》原典·不语章

子不语怪、力、乱、神。

译文　孔子平时不说的事：怪异、勇力、悖乱、鬼神。

♡　张岱　徐子卿

朋友圈纵横谈（▆为原文）

张岱

> 程颐每次遇到怪异的事情，一定会说许多话语来解释，力图证明怪异是不存在的，他的本意是好的，然后做一些没有证据的辩解，反而会让别人起疑，所以可知还是"不语"为妙。
>
> ▆伊川每遇怪异之事，必多费辞说，力破其无，意岂不善，然无证之辩，翻起人疑，故知不如"不语"之为妙也。

徐子卿

> 像大禹治水、商汤和周武王的征伐、周公的制礼作乐，都是人力所为，然而又都不是人力所为。这是他们的本性就是如此，机缘巧合，哪里是人力

所能达到的呢？这样说，反而消除了世间很多人的闲杂想法。孔子不说神仙、鬼怪，是不想用天来消解人的努力；不说强力、悖乱，是不想用人来压倒天。像后羿、寒浇、乌获（后羿、寒浇二人为远古传说中的勇士，乌获为战国时期秦国的大力士）这样的人，哪里值得说呢！

徐子卿曰：如禹之治水、汤武之征诛、周公之制作，皆人力也，而皆非人力，缘是性分本然，气运恰合，岂系人之能哉！如此说，却消了世间许多闲思想。夫子之不语神怪者，不以天废人也；不语力乱者，不以人胜天也。若羿、浇、乌获之流，亦复何足挂齿！

《论语》原典·三人章

子曰："三人行，必有我师焉：择其善者而从之，其不善者而改之。"

译文　孔子说："三个人同行，其中一定有我的老师。选择善的而遵从，有不善的就自我改正。"

♡　张岱　汤义仍

朋友圈纵横谈（为原文）

张岱

老子说："善人，可以作为不善之人的老师；不善之人，可以作为善人的借资。"改正，就是"资"，也就是"师"。所以说"必有我师"。

老子云："善人，不善人之师；不善人，善人之资。"改之，即是资，即是师也。故曰"必有我师"。

汤义仍

向人学习是有限的，向善学习则是无穷的；向善学习是有限的，向不善资取则是无穷的。这一篇中未直接提及的东西，是最重要的地方。

汤义仍曰：师人有穷，师善无穷；师善有穷，师不善无穷。篇中垂侧处，妙得题神。

张岱

读《三国演义》，憎恨董卓、曹操。凡是与董卓、曹操所作所为类似的事情，我坚决地一件也不做，那么董卓、曹操就是我的老师。

读《三国演义》，恨得董卓、曹操。凡事类董卓、曹操者，我一件断然不为，则董卓、曹操便是我师。

《论语》原典·桓魋章

子曰:"天生德于予,桓魋其如予何!"

译文　孔子说:"我有天赋之德,桓魋他能把我怎么样!"

♡ 张岱

朋友圈纵横谈(▊为原文)

张岱

　　孔子到了宋国,和弟子们一起在大树下演习礼仪,桓魋让人砍这棵大树,弟子说:"我们要赶快走了!"孔子说完这句话,然后到了郑国。@李贽说:"孔子及其弟子又穿着便服经过了宋国,所以孔子才是圣人。"孔子对付奸诈邪恶之人,他的手段本领就深不可测,这就是根据不同的对象来选择不同的应对方式。

　　▊夫子适宋,与弟子习礼于大树下,桓魋伐其树,弟子曰:"可以速行矣!"孔子有此言,遂之郑。李卓吾曰:"却又微服而过宋,所以为圣人。"孔子御奸邪之人,其术数便不可测识,夫是之谓肖物付物。

《论语》原典·无隐章

子曰："二三子以我为隐乎？吾无隐乎尔。吾无行而不与二三子者，是丘也。"

译文　孔子说："你们这群小子以为我对你们有所隐瞒吗？我对于你们没有什么可以隐瞒的啊！我没有一天不是和你们一起日常生活行动，那就是我啊！"

♡ 张岱

朋友圈纵横谈（▮为原文）

张岱

晦堂禅师问黄庭坚"无隐"的含义，黄庭坚解说了多次，晦堂禅师始终不赞同他的说法。当时暑热已经退去，凉气升起，满院子都是秋天的香味，晦堂禅师就问："闻到桂花的香味了吗？"黄庭坚答："闻到了。"晦堂禅师说："吾无隐乎尔。"黄庭坚心悦诚服。

邯郸学步，到底是不善于学习。孔子飞奔向前，他的弟子当中只有颜回一个人能够跟得上。

▮ 晦堂问黄山谷"无隐"之义？山谷诠释再三，晦堂终不然其说。时暑退凉生，秋香满院，晦堂因问曰："闻木樨香乎？"山谷曰："闻。"晦堂曰:"吾无隐乎尔。"山谷乃服。

邯郸之步,毕竟不是善学。孔子绝尘而奔,圣门止得颜回一人。

《论语》原典·四教章

子以四教:文、行、忠、信。

译文 孔子以四点教导人:典籍,德行,忠己和实信。

♡ 张岱 汤宣城

朋友圈纵横谈(为原文)

汤宣城

本章的"四教"有由广博逐渐转向简约的意味,不是将"文、行、忠、信"这四者分开教人,而是用这四者一起教人。

汤宣城曰:"四教"有由博渐约之意,非分作四处教,盖以四教一起教人也。

《论语》原典·见圣章

子曰:"圣人吾不得而见之矣,得见君子者,斯可矣。"子曰:"善人吾不得而见之矣,得见有恒者,斯可矣。亡而为有,虚而为盈,约而为泰,难乎有恒矣。"

译文 孔子说:"圣人,是我见不到的啊,能够见到君子就可以了。"孔子又说:"善人,我是见不到了,能够见到有恒心向善的人就可以了。从没有到有,从虚弱到充盈,简约到丰泰,最难的是能够有恒心。"

♡ 张岱 马君常

朋友圈纵横谈(▇为原文)

张岱

古代维持世道的只有两类人,一类是圣人,能力之大能够与神相通,是一定能够将世道教化归仁的君王,像大禹、商汤、文王、武王就是这类人。本身是君子同时又具有豪杰能力的人,也能够划归此类。另外一类是善人,心中存有善的世界,能够去除杀伐、残害,周代的成王、康王和汉代的文帝、景帝是这一类人。有恒心也不失本初之心的人,也可以归为这一类。这两类人,力量有大有小,成效有慢有快,都可以拯救世道,所以说这道题有两种解法。以前针对本章阐述的作者都没有这种理解。

古人持世只有两项人,一项是圣人,力大化神,必世后仁之王者,如禹、汤、文、武是也。君子亦具豪杰手段,与为一类。一项是善人,心存善世,去杀胜残,成、康、文、景之流是也。有恒亦不失此本心,与为一类。两项,力有大小,效有迟速,皆可救世,故本题亦两更端。作者都无此解。

张岱

记录者在这段的中间又用了一次"子曰"两个字,这样就把记录者当时那种低头思索、仰头赞叹的样子给描绘出来了,真是传神的手笔。经书中有很多这样的妙笔都被世俗的儒者给抹煞了。

记者于中间复下"子曰"二字,便把当日俯思仰叹光景画出,真传神手也。经书中如此妙处不少都被俗儒抹却。

 马君常

圣人,是品质、学问都兼备的妙人;善人,是有美好品质而没有学问的人。世间就只有这两种。君子,是继承圣人的人;有恒之人,是继承善人的人。

《四书遇》导读

> 马君常曰:圣人,是质学兼妙人;善人,是质美未学人。世间止此两样。君子,继圣者也;有恒,继善者也。

《论语》原典·钓弋章

子钓而不纲,弋不射宿。

译文 孔子钓鱼而不用长绳系多钩而钓,射鸟也不射宿在巢中的鸟。

♡ 张岱 王世贞

朋友圈纵横谈(▓ 为原文)

 王世贞

> 钓鱼时不用长绳系多钩来钓,这样的清廉就没有过错吗?射鸟时不射栖息在巢中的鸟,这样的平和就没有过错吗?孔子哪里只是得到了圣人的仁德啊,这也是在教化万物!晋代的翟庄年轻时喜欢钓鱼打猎,等到年长之后就不再打猎了。有人问他钓鱼打猎都是伤害生灵之事,但只戒掉了一样,为什么呢?翟庄回答:"打猎是我主动,而钓鱼是鱼主

张岱讲《论语》·述而第七

动,不能忽然同时将两种都戒掉,所以先节制那个更严重的吧。"孔夫子也是因为人不能忽然同时去除伤害生灵的事情,所以才暂且如此说。"子"后面应该还有个"曰"字,这是孔子不得已而教诲他人的言语。

📖 弇州云:钓不纲,廉无咎乎?弋不射宿,静无咎乎?岂惟得圣人之仁焉,亦所以教物也!晋翟庄少以钓猎为事,及长不复猎。或问钓猎同是害生之事,而止去其一,何哉?庄曰:"猎自我,钓自物,未能顿去,故先节其甚者。"夫子亦因人不能顿去害生之事,而方便为此言。"子"字下当有"曰"字,此不得已而诲人之言。

张岱

沈莲池也有王世贞这种说法,道理是相通的。

商汤解开三面网只留一面,同时又去讨伐暴君解救百姓;文王武王的恩泽惠及到死去的人,而他们又穿着战衣。天下本来就有很多一起运行而不相互悖谬的事情,可以知道雷霆风霜,也都是天地的仁德。

📖 沈莲池有是说,义亦甚通。

汤解三面之纲,而又伐暴救民;文武泽及枯骨,而又戎衣一着。天下事原有并行而不悖者,故知雷霆霜雪,总是造化之仁。

《论语》原典·知次章

子曰:"盖有不知而作之者,我无是也。多闻,择其善者而从之;多见而识之,知之次也。"

译文　孔子说:"大概有不知道却擅自妄作的人,我不是这样的人。多听,选择善人而跟从他;多看而能够了解认识,已经是次一级的知道了。"

♡　张岱　杨复所　陆景邺

朋友圈纵横谈(▬ 为原文)

张岱

听到见到的多了之后,要将获得的知识进行选择。孔子是担心人们用礼节文饰掩盖了品质,用广博之知掩盖了本初之心。《淮南子》说:"掩盖内在的、天赋的颖慧,而通过见闻来求取知识,是把清楚明白的隐藏起来,而说一些昏暗不明的东西。"不落入此境地的人很少。

▬ 闻见既多,归其择识。惧人之文灭质,博灭心也。《淮南子》曰:"蔽其玄光,而求知于耳目,是什其昭昭,而道其冥冥也。"不陷此者几希。

张侗初

多听闻而去择取,依靠什么来择取呢?多见而能识,是依靠什么来识的呢?进行选择、认知的是我的良知,良知是光明的,不需要再向别的地方求取知识,所以说"知之次"。"次"就是《中庸》中"其次致曲"和《孟子》中"气次焉"的"次"字,意思是一样的,差别不大。

> 张侗初曰:多闻而择,是怎么择?多见而识,是怎么识?择识是吾知体,此知光明,不必更有求知处,故曰"知之次"。"次"即《中庸》"其次致曲"与《孟子》"气次焉"之"次",成功则一,原不差远。

杨复所

多听就能够拣择,多看就能够认识。为什么呢?答案是:耳听不如目见。耳朵听到的还是虚的,所以要拣择;眼睛看到的是真实的,所以直接可以认识。

> 杨复所云:多闻便择,多见便识。何也?曰:耳闻不如目见。耳闻尚虚,故要择;目见已实,故直须识。

陆景邺

夫子曾说自己"无知",但没有说过"不知"。不知道而去行动,分明就是胡作妄为。许多人都解读为知道后去做就是最好的,这是谬误的。

▋ 陆景邺曰:夫子言"无知",未尝言"不知"。不知而作,明是妄作。诸说以知而作为上者,谬。

张岱

司马迁写《史记》,他的祖辈都做过太史,熟悉历朝历代的典籍掌故,这才能称为"多闻"。走遍了大都会、大城市,名山大川,上会稽山,探寻禹穴,拜访圣贤的家乡、遗迹,这才能称为"多见"。依靠这些来写作史书、建立学说,自成一家之言,差不多可以避免"不知而作之者"这种错误了。

▋ 司马迁作《史记》,世为太史,熟于历朝之典故,方谓之"多闻"。历尽通都大邑,名山大川,上会稽,探禹穴,访问圣贤故里、遗迹,方谓之"多见"。以此而著书立言,自成一家,庶几免乎"不知而作之者"矣。

张岱讲《论语》·述而第七

《论语》原典·互乡章

互乡难与言童子见,门人惑。子曰:"与其进也,不与其退也,唯何甚?人洁己以进,与其洁也,不保其往也。"

译文　互乡有一个很难交流的童子求见了孔子,门人们表示疑惑。孔子说:"肯定他向善前进,并不肯定他过去远离善的一切,这有什么过分的呢?有人选择洁净自身向善而进,肯定他的自洁,无法保证他的过往啊。"

♡　张岱　周海门

朋友圈纵横谈（▓为原文）

 周海门

　　此章本来没有笔误,也没有缺少的文字。朱熹将这句话修改了,是不对的。"互乡"这句应该是这八个字连起来为一句,是说互乡这个地方有一个难以跟他谈论善的孩子,并不是说这里一个乡的人都难以跟他们交谈:这是汉代人的注疏,应该遵从。"唯何甚",是说怪孔子见了这个孩子,憎恶邪恶有什么过分的呢?应该遵从旧的说法。

▓周海门曰:此章原无错简,亦无阙文。朱注改之,未是。"互乡"八字为句,言此乡有一难与言之童子,非一乡皆难于言也:此汉疏,宜从。"唯何甚",言怪我见此童子,恶恶抑何甚乎?旧说宜从。

张岱

地狱不空,自己就誓不成佛,圣人什么时候放弃过教化任何一个人呢。

📖 地狱不空,誓不成佛,圣人何尝有弃人。

《论语》原典·仁至章

子曰:"仁远乎哉?我欲仁,斯仁至矣。"

译文 孔子说:"仁离我们远吗?我想要仁,仁就来了。"

♡ 张岱 杨复所

朋友圈纵横谈(📖 为原文)

张岱

《胡子衡齐》中说:医书上将手脚萎缩麻痹称为"不仁",是没有知觉的意思。真的有知觉了那么就能知道痛痒了,这时候"仁"就在了。难道知觉之外,还在别的地方有痛痒、有仁吗?

▨ 衡齐曰:医书以手足痹痿为不仁,言勿觉也。诚觉则痛痒流行,而仁在其中矣。岂觉之外,别有痛痒,别有仁哉?

杨复所

"斯仁至矣",非常精妙!可见"欲仁"就是"仁"。如果颠倒一个字说"仁斯至矣",那么"仁"就在外部了,"仁"就远了,这是本章文字的奇妙之处。

▨ 杨复所曰:"斯仁至矣",妙甚!见得"欲"即是"仁"。若倒一字说"仁斯至矣","仁"便在外了,"仁"便远了,文字之妙如此。

《论语》原典·知礼章

陈司败问:"昭公知礼乎?"孔子曰:"知礼。"孔子退,揖巫马期而进之,曰:"吾闻君子不党,君子亦党乎?君取于吴,为同姓,谓之吴孟子。君而知礼,孰不知礼?"巫马期以告。子曰:"丘也幸,苟有过,人必知之。"

译文 陈司败问孔子:"鲁昭公知礼吗?"孔子说:"知礼。"孔子退下,陈司败作揖请巫马期进来,对他说:"我听说君子不与人结党偏私包庇，君子也会结党包庇吗？鲁国君主娶了吴国女子为夫人，是同姓，至于大家称之为吴孟子。如果说鲁国君主知礼，谁不知礼？"巫马期将这些告诉孔子，孔子说："我也是幸运的啊，一旦有了过错，人家一定会知道。"

♡ 张岱

朋友圈纵横谈（▰ 为原文）

张岱

宋代吴真子在《四书集成》中说：陈司败所指的"孟子"是何人呢？《春秋》哀公十一年记载"孟子卒"，而记载"葬"的情况。怀疑这个"孟子"是鲁国人避讳的称呼方法，而称呼吴孟子，是当时人讽刺的说法。到郊外迎接慰劳，臣民对他一向是赞誉的；娶吴国之女和依附宋国，是宫闱之中的隐秘之事。孔子一向与臣民一起拥戴鲁君，也一向有好的名声，这一段故事已经不去臆测了，这里只是随口回答，哪里知道陈国的司寇所想的是再议论这件事呢？

哀公十二年，夏五月，《春秋》记载"孟子"去世。昭公娶了吴国之女，所以没有记载她的姓。"孟子"死后没有发讣告，所以不称她为夫人。安葬后没有到祖庙哭吊，所以不记载为安葬君王的夫人。

张岱讲《论语》·述而第七

> 宋儒吴氏曰：谓者，何人谓之？《春秋》哀公十二年书"孟子卒"不书"葬"。疑谓之孟子者，鲁人讳之，而谓之吴孟子者，当时讥讽之语也。郊劳赠贿，臣民之素誉也；娶吴附宋，宫闱之隐情也。圣人业与臣民共戴君父，业有令名，此一段已不复置臆，应声而答，安知司败所怀，来着一拟议乎？
>
> 哀公十二年，夏五月，书孟子卒。昭公娶于吴。故不书姓。死不赴故不称夫人。不书薨，不反哭，故不言葬小君。

《论语》原典·与歌章

子与人歌而善，必使反之，而后和之。

译文　孔子与人一起唱歌，有善于歌唱的，必然让他再唱一次，然后才与他相和。

♡　张岱

朋友圈纵横谈（▮为原文）

张岱

> 《礼记·学记》说："善于歌唱者让别人继承他的歌声，善于教人者让别人继承他的志趣。"

303

一定请别人再歌唱一次然后再和他同歌，这是善于教、善于歌，两种都具备了。

孔子和别人交往，确实不敢有一点儿轻慢、忽视。试着仔细品味"必使""而后"这四个字，宛然就包含着"温、良、恭、俭、让"这五种品德的妙用。

▇ 《学记》曰："善歌者使人继其声，善教者使人继其志。"必反后和，善教、善歌，二法俱备。

圣人与人，实不敢有些子轻忽。试就"必使""而后"四字细寻、细嚼，便宛然包着"温、良、恭、俭、让"五德妙用。

《论语》原典·躬行章

子曰："文，莫吾犹人也。躬行君子，则吾未之有得。"

译文　孔子说："在文辞方面，我虽不能过人，但是能够赶上别人。躬行君子的做法，那我还没能完全做到。"

♡ 张岱

张岱讲《论语》·述而第七

朋友圈纵横谈（▨ 为原文）

张岱

> 古代儒者说：孔子颜回谈论"仁"，孟子谈论"义"，二程朱熹谈论"礼"，王阳明谈论"知"，后来的学者想要继承古代圣贤的道统，最好是谈论"信"。像这样切实亲自实践，圣人还都觉得"未之有得"，所以这才是最难的，可以指望后来的学者吗！
>
> ▨ 先儒曰：孔颜言"仁"，孟子言"义"，程朱言"礼"，阳明言"知"，后之学者欲继先圣之统，无过言"信"。观此笃挚躬行，圣人尚"未之有得"，以此最难题目，敢望后学耶！

《论语》原典·圣仁章

子曰："若圣与仁，则吾岂敢？抑为之不厌，诲人不倦，则可谓云尔已矣。"公西华曰："正唯弟子不能学也。"

译文 孔子说："若说成圣和成仁，那我哪里敢说能行？只是在这方面不厌烦地学习，不知疲倦地教导他人，才可算得上如此了。"公西华说："正是在这点上，弟子不能够学到啊。"

♡ 张岱 冯豹姿

朋友圈纵横谈（▇为原文）

 冯豹姿

> 贪图一粒米，失去了半年的粮食，很多学者仅仅为了"仁""圣"这两个字用错了多少功夫。不厌烦地学习，不倦怠地教育弟子，都是平平常常、踏踏实实的，仁也就在其中，圣也就在其中。观音菩萨不登上佛的果位，正是因为他的道力是有限的，意愿之力是无穷的，"不敢""不能"正是最高的法门。
>
> ▇冯豹姿云：贪他一粒米，失却半年粮，只为"仁""圣"两字眼前错了多少功夫。为不厌，诲不倦，平平常常，老老实实，仁也在内，圣也在内。观音不登佛位，正是道力有限，愿力无穷，"不敢""不能"正无上法门也。

张岱

> 如果问这里为什么和"默而识之"一章是不同的呢？那么回答是：那里说"学而不厌"，"而"字是自然而然的词语。这里说"为之不厌"，"为"字是努力之语。言辞自然，努力自任，孔夫子一向都是这样的，两处没有什么不同。
>
> ▇问如何与"默而识之"处不同？曰：彼说

"学而不厌","而"字是自然之语。此也说"为之不厌","为"字是勉然之语。辞自然,任勉然,夫子从来如此,无不同。

《论语》原典·请祷章

子疾病,子路请祷。子曰:"有诸?"子路对曰:"有之。诔曰:'祷尔于上下神祇。'"子曰:"丘之祷久矣。"

译文　孔子生病,子路请求代替祷告。孔子说:"有这样的道理吗?"子路回答说:"有的。《诔》说:'在天上地下的神祇祷告护佑你。'"孔子说:"我以自己的言行祷告很久了。"

♡　张岱　徐子卿

朋友圈纵横谈（▓为原文）

张岱

孔子说王孙贾"从上天那里获得罪责,没什么好祷告的",所以说自己:"丘之祷久矣。"

周公当年用自己的身体来代替周武王向上天祷告,并将册文收进金丝缠束的柜中密封,子路请代孔子祷告,也是出于师生之间的最真挚的感情,不能够一味责怪子路。

> 夫子语王孙贾曰"获罪于天，无所祷也"，故曰："丘之祷久矣。"
>
> 周公请以身代，藏之金縢，请祷，亦师弟至情，不得蛮骂子路。

徐子卿

> 白天的所作所为，夜里一定会焚香告知上天，这当然是认真检讨自己，不过简要来说尚且是靠着拐杖行事，毕竟只有到了夜里所做的梦没有不可告人的时候，随意的和不随意的才能够都放下。
>
> 徐子卿曰：昼之所为，夜必焚香以告天，此自是简点精细，要之尚靠着拄杖在，毕竟到夜之所梦，无一不可语人。苟与不苟，才好撒手撒下。

《论语》原典·奢俭章

子曰："奢则不孙，俭则固。与其不孙也，宁固。"

译文 孔子说："奢侈就会不谦逊，节俭就会固陋。与其不谦逊，宁愿固陋。"

♡ 张岱

朋友圈纵横谈（为原文）

张岱

有一种说法是认为这一章不是在谈论"礼"，非常正确。"礼与其奢也，宁俭"这句话是在说"礼"。这一章是在说"奢"的弊病之大。大概是因为当时的风俗由简朴转向奢侈，大家都崇尚奢侈而嘲笑简朴，不知道奢侈能够击溃堤防、毁坏名分，弊病是多么严重啊！哪里像简朴的弊端仅仅是固陋呢！又有一种说法："混乱来源于僭越，来源于僭越。"八佾舞于庭、在家庙演唱《雍》乐都是喜好奢侈的缘故。

管仲的困难在于他向上僭越，晏婴的困难在于他向下靠拢，与其做管仲这样的人，不如做晏婴这样的。

　　一说此章不是说"礼"，甚得之。"礼与其奢也，宁俭"，是说"礼"。此是说"奢"之弊大。盖风俗由俭而奢，皆崇奢而笑俭，不知奢则溃堤防，坏名分，其弊何极？岂如俭之止是固陋而已耶！又云："乱生于僭，生于奢。"舞佾、歌雍只是好"奢"之故。

管子难乎其为上，晏子难乎其为下，与其为管子也，宁晏子。

《论语》原典·坦荡章

子曰:"君子坦荡荡,小人长戚戚。"

译文　孔子说:"君子胸怀平坦宽大,小人心胸狭小常哀戚。"

♡　张岱

朋友圈纵横谈(▨为原文)

张岱

> 佛家有一种说法是心地平坦,那么世界上一切万物皆平。世界上只有平坦的地方,才是最宽广的。人心如果崎岖不平,那就像山川溪流丘壑,哪里能有四通八达的大路呢?
>
> ▨ 释家言心地平,则尽世界一切皆平。天下惟平易处,最是宽广。人心险崅,便如山川,如溪壑,岂得有通衢大道?

《论语》原典·温厉章

子温而厉,威而不猛,恭而安。

译文　孔子温和而严厉,威严而不过猛,恭敬而安舒。

♡　张岱

朋友圈纵横谈（为原文）

张岱

> 这些都是圣人自然流露出的有德之人的容色，不是说这些品格相互补充协调。君子内在道德的自然流露，而使他面色润泽，背部充盈，丝毫不是假装出来的。所以说宋代有儒者学习"恭而安"学了十五年也没学成，也是一件特别可笑的事情。
>
> 应该有几分"温"几分"厉"，应该是出于自身的衡量，如果觉得圣人为了温厉平衡而不敢笑不敢哭，那岂不是要拘束死了？
>
> 此皆圣人自然之德容，非相济之谓也。睟面盎背，着一毫妆点不得。故宋儒有学"恭而安"十五年不成者，亦大可笑事。
>
> 几分"温"几分"厉"，自作秤量，觉圣人于此笑啼俱不敢矣，岂不板杀？

泰伯第八

张岱讲《论语》·泰伯第八

《论语》原典·三让章

子曰:"泰伯,其可谓至德也已矣。三以天下让,民无得而称焉。"

译文 孔子说:"泰伯,他可以说得上是有德到极致了。三次将天下谦让给他人而不留名迹,人民却不知如何来称道他。"

♡ 张岱

朋友圈纵横谈(▇为原文)

张岱

父子之间的事情,古人是不愿意告诉别人的。圣人知道古人的想法,也就没有明说发生了什么事。譬如泰伯、伯夷、叔齐,都是只有赞颂而没有记载具体事件,是担心伤害了古人的心。唐寅说:自古以来取得天下者,能够从天人之际预测得到,而让出天下者的孤独决绝之心,却无从了解。

只有能取得天下的人,才能让出天下。泰伯无意夺取商朝天下,而去荆楚蛮荒之地采药生活,所以有了吴国。虬髯客将天下让给了唐朝,而自己退居东北地区的一个扶余国,也是这样的智慧。泰伯的才华能力,哪里就不如季历、文王、武王了呢!让出天下的人,是能够取得而不去取,所以值得称颂赞叹。

■ 父子之间，古人不欲告人。圣人知古人之心，亦未尝明言所以。如泰伯、虞仲、夷、齐，皆有赞无纪，恐伤古人之心耳。唐伯虎云：自古取天下者，卜之天人，让天下者，独决之心，故无从见。

天下惟能取者，然后能让。泰伯无意剪商而采药荆蛮，遂有吴国。亦虬髯客之以天下让唐，而自退处扶余之智也。出其才力，何遽不如王季、文、武也哉！以天下让者，谓其能取而不取，故足多也。

《论语》原典·无礼章

子曰："恭而无礼则劳，慎而无礼则葸，勇而无礼则乱，直而无礼则绞。君子笃于亲，则民兴于仁；故旧不遗，则民不偷。"

译文　孔子说："恭敬却无礼就会劳扰不安，谨慎却无礼就会畏惧多怯，勇敢却无礼就会犯上作乱，直率却无礼就会急切逼人。在上位者能够笃实亲厚家人，人民便会兴起仁了，在上位的人能不遗弃过去的旧人，人民就不会厚此薄彼了。"

♡ 张岱

朋友圈纵横谈（▭ 为原文）

张岱

> 前面的话是说没有礼是不行的，而礼一定有它开始的地方。从哪里开始呢？开始于敦厚。和亲人感情深厚就是君子的敦厚，就是君子的崇礼。
>
> ▭ 上言无礼不可行，而礼必有所自始。始于何所？始于厚也。笃亲节是君子敦厚，即是君子崇礼。

《论语》原典·战兢章

曾子有疾，召门弟子曰："启予足！启予手！《诗》云：'战战兢兢，如临深渊，如履薄冰。'而今而后，吾知免夫！小子！"

译文 曾子生了重病，召集他的门下弟子说："掀开被子看看我的脚，看看我的手。《诗经》说：'恐惧谨慎的样子，像面临着深渊，像踩着薄冰一样。'从今以后，我能够免于身体受到损伤了，小子们啊！"

♡ 张岱　李见罗

朋友圈纵横谈（▊为原文）

张岱

> 引用《诗经》之句可以看到，身体得以完整地离世，都是从谨慎警惕的念头中得来的。曾子日后又认为参加战争而不勇猛、侍奉君主而不忠诚是不孝的，可见应该成就仁德的时候，即便是毁灭身体也不能被视为亏待身体。这里让弟子们看他的手脚，只是偶然事件引发而来的。世界上能够身体完整地离世的人非常多，难道都能被称为"免于毁伤"？曾子露出手足认为自己懂得了免于毁伤，而他去世其实是在日后，如果没有换掉大夫去世应该躺的席子，就还是于礼不合。保全自身地离世就如此之难。
>
> ▊引《诗》见体顺归全，从一念兢惕中来。曾子他日又以战阵无勇，事君不忠为非孝，可见当成仁时，便杀身亦不为亏体。此启手足，只是偶引起来说耳。世间完全而死者甚多，岂可皆谓之免于毁伤？曾子启手足以为知免矣，而易簀犹在其后，使其终于大夫之簀，犹为未正也。全归之难如此。

李见罗

> 曾子在学习之初就将修身作为自己的根本目标,所以临终的时候能够刚正宏大地自足自乐,这和孔子拖着手杖逍遥地行走,俨然是同样的圣人气象。古人说"生死之际的状态,不是临时的功夫可以造就的。"
>
> ◼ 李见罗曰:曾子闻学之蚤合下便以修身为本,故到终来,浩然自慊,与孔子曳杖逍遥,仿佛一般气象。古云"生死岸头,不是临时处置"。

《论语》原典·笾豆章

曾子有疾,孟敬子问之。曾子言曰:"鸟之将死,其鸣也哀;人之将死,其言也善。君子所贵乎道者三:动容貌,斯远暴慢矣;正颜色,斯近信矣;出辞气,斯远鄙倍矣。笾豆之事,则有司存。"

译文　曾子有疾病,孟敬子慰问他。曾子说:"鸟儿即将死去,它的鸣叫声很悲哀;人即将死去,他的言语也都是善言。君子认为道中最看重的三件事是:动用自己的身体和表情(行礼),就能够远离暴躁傲慢;端正容色(真实表达),就能够接近信了;表达言语辞气(中正不偏),就能远离鄙陋背理的言论了。祭祀所用的竹豆木豆之事,则有专门负责管理的人在那里,不值得君子看重。"

♡ 张岱

朋友圈纵横谈（为原文）

张岱

旷野的气象像宫阙，海边的蜃气像楼台，云气则像它们各自的山川，容貌脸色就是人的云气。云气浓厚地喷发出来，有牌坊有华表，有法坛有殿宇，所以非常可贵。如果有一点点的矫饰，就非常粗俗浅薄了。

"辞""气"两个字同样重要。同样是说一句话，有人是平和地说，有人是乖张暴戾地说，所以说语言有气象、面貌有容色，都需要重视。

 广野气象宫阙，海旁蜃气象楼台，云气各象其山川，容貌颜色，人之云气也。盎然而出，有坊有表，有坛有宇，所以可贵。半毫妆点，鄙陋甚矣。

"辞""气"二字并重。同是一句说话，或出以和平，或出以乖戾，故辞之有气，颜之有色，都要重看。

张岱

由这三个"斯"字可以看出，君子只是在"道"上用力，这三者就会自然达到。运行、作用都没有行迹，能纯粹地为身心提供营养的被称为"道"。使用功夫和能力，能明显表现自己的被称为"事"。如果问容色和辞气为什么值得君子看重？那么回答是：不要将它们看得很容易，学习、修身、谨慎、恐惧之后，才能够有这样鲜明的威严仪态，所谓的举止、仪容和进退揖让都符合礼的要求，是道德达到极致的效果。气质还是驳杂的，涵养功夫还没有到家，忽然之间告诉他要有威严之仪态是非常困难的！和颜悦色地争论以及从容不迫地交谈，这些都是从修养功夫中得来的。

▋看三"斯"字，君子只于"道"着力，三者自不期然而然。运用无形，而纯然有以自养者谓之"道"。功能稍着，而灼然有以自见者谓之"事"。问容色辞气何足为君子所贵？曰：莫看得容易，学修恂慄之后，乃有此赫喧之威仪，所谓动容周旋中礼者，盛德之至也。气质伦驳，涵养未到，骤而语之以威仪难矣！訚訚侃侃，行行皆自熔铸中来。

《论语》原典·吾友章

曾子曰："以能问于不能，以多问于寡；有若无，实若虚，犯而不校。昔者吾友尝从事于斯矣。"

译文 曾子说："自己才能高却去请教低于他的人，自己知道得多却去请教少于他的人；有学问却像没学问一样，满腹经纶却像孤陋寡闻一样，受到冒犯也不计较。过去我的友人曾经就在这上面下过功夫。"

♡ 张岱 湛若水 李卓吾

朋友圈纵横谈（▰为原文）

 湛若水

> 这个"犯"字用的绝妙，非常通达。是别人的不对才能被称为"犯"，如果自己有一点儿不对，自己和对方就都是"犯"了。又说：如果知道外物和我没有什么区分，而万物是一体的，就像一个人自身的手脚牙齿有了碰撞，就不会去计较。
>
> ▰ 湛甘泉曰：此"犯"字下得极妙，十分通。是人不是方谓之"犯"。若己亦有一毫不是，己与彼俱"犯"矣。又曰：苟知物我之无间，而万物一体，如一人之身，手足牙爪之相犯，斯无有较之者矣。

 李卓吾

> 没有说明"吾友"是谁，这句话更有味道了。
>
> ▰ 李卓吾曰：吾友不说出是谁更为有味。

张岱

> 问"有若无"是什么意思？回答说："就像水中的盐，色彩里的丹青。"问"实若虚"什么意思？回答说："就像水在盆中，而真实的月亮在天上。"
> 被风吹下来的瓦片砸到，被无人的小船撞到，

即便心里不高兴,也不会愤怒地责骂,因为不是人为的。没有人的成见,所以"犯而不校"。

▰ 问"有若无"?曰:"水中盐味,色里丹青。"问"实若虚"?曰:"水在盆中,月在天上。"

飘瓦相遭,虚舟相触,虽有忮心,而不作怒詈者,以其无人也。无有人见,故"犯而不校"。

《论语》原典·君子章

曾子曰:"可以托六尺之孤,可以寄百里之命,临大节而不可夺也。君子人与?君子人也。"

译文 曾子说:"可以把未成年的六尺孤儿托付给他,可以将国君的政令寄托于他,面临考验气节之时能够不动摇。这种人是君子吗?这种人是君子啊。"

♡ 张岱 杨复所

朋友圈纵横谈(▰为原文)

张岱

"节"就好像是树木的节,是英雄和奸贼都不能回避的,气节动摇,就是王莽、曹操这样的奸雄;能够不变其节,就是伊尹、周公这样的英雄。

必须要面临大事的时候才能看出,置身局外慷慨是不算数的。已经说了"人与",又说"人也",不只是为了为他的人品定性,这已经是在感慨当时之世没有这样的人,而恭敬地思念这样的人了。这是曾子宏大坚毅的胸怀,俨然是与千古英雄相对而坐。周钟说:用死来敷衍责任的人,都是气节会被改变的人。死了而没有任何助益,也就是一个只顾自己、不顾大众的自了汉罢了。

事情没有做成,用自己的脑袋来殉葬,跟一只鼠首没什么两样,对国家社稷有什么好处呢?"不可夺"的人,是能够安邦定国、具有屹立不倒能力的人。

▋ "节"如树木之有节,英雄、奸贼两俱碍手走不过处,奸雄一夺取,便为莽、操;英雄能不夺,便是伊、周。须要临时始见,局外慷慨算不得。既曰"人与",又曰"人也",非徒定其品,已有慨当世无其人,而穆然思之之意。是曾子弘毅胸肠,俨然与千古英雄相对处。周介生曰:以一死塞责者,皆可夺者也。死而无济,一自了汉。

事之不成,以臣头为殉,直一鼠首耳,何益于国家社稷?"不可夺",有措天下于盘石之安,屹然不动手段。

杨复所

气节"不可夺",才可以托付、可以信赖,本来就没有才能和气节相分离的意思。

▇ 杨复所曰:"不可夺",方是可以托,可以寄,初无才节两层。

《论语》原典·弘毅章

曾子曰:"士不可以不弘毅,任重而道远。仁以为己任,不亦重乎?死而后已,不亦远乎?"

译文 曾子说:"作为一个士,不可以不宽弘和强忍,承担重任且能走得长远。将仁作为自己的任务,不也很沉重而重要吗?直至死亡才能够停止,不也需要走得长远吗?"

♡ 张岱 湛甘泉

朋友圈纵横谈(▇为原文)

张岱

范仲淹做秀才的时候,就将天下作为自己的责任,这是他的才华能力之弘大坚毅的地方。以天下之人的忧患为自己的忧患,以天下之人的快乐为自己的快乐，他的负担多么重？"先天下之忧而忧，后天下之乐而乐"，他的负重多么远？假如世间的士人没有了这种胸襟抱负，那么读书的种子就先毁灭了，到哪里去找人来担负起整个宇宙呢？

▉ 范文正公做秀才时，便以天下为己任，此政其才力弘毅处。以天下之忧为忧，以天下之乐为乐，其担荷何重？"先天下之忧而忧，后天下之乐而乐"其担荷何远？使世间士子无此胸襟，则读书种子先绝矣，更寻何人仔肩宇宙？

 湛甘泉

有人问"仁以为己任"是什么意思？回答：现在的人只是因为身上负担的东西太多了，所以不能担任起仁的责任了。想要担当得起，就应该先将其他的负担全部卸下，然后才能担当得起仁的重任。

▉ 问"仁以为己任"？湛甘泉曰：今人只为一切担子累得此身重了，故不能任。范要胜任，先须减担减得尽，则任可胜矣。

《论语》原典·兴诗章

子曰："兴于《诗》，立于礼，成于乐。"

译文　孔子说："兴起于《诗》，立身于礼，完备于音乐。"

♡　张岱　程颐

朋友圈纵横谈（▮为原文）

张岱

孔子说："《关雎》是由鸟来起兴的，而君子觉得它美，是因为它懂得雌雄有别。《鹿鸣》是由野兽来起兴的，而君子称许它，是因为它懂得得到食物而呼唤同伴。如果因为它们是鸟兽而轻视它们，是不可以的。"假如一个小孩冒犯了孟贲（战国时期的著名勇士），孟贲生气了，小孩又拿起刀跟孟贲相斗，肯定无法取得胜利，因为他的力气不够。如果孟贲生气后，小孩子依照礼仪恭敬地道歉，那么孟贲也会不忍心打他。

▮孔子曰："关雎兴于鸟，而君子美之，取其雌雄之有别。鹿鸣兴于兽，而君子大之，取其得食而相呼。若以鸟兽之名嫌之，固不可行也。"使童子忤孟贲之意，孟贲怒之，童子操刃与斗，童子必不胜者，力不如也。孟贲怒，而童子修礼尽敬，孟贲不忍犯也。

程颐

"兴于《诗》",就应该能看到着力点。"立于礼",就应该能看到得力的地方。"成于乐",就应该能看到有不需要用力的地方。

📖 程子曰:"兴于《诗》",便须见有着力处。"立于礼",便须见有得力处。"成于乐",便须见有无所用力处。

张岱

伯牙向成连子学琴,成连子将他带到海边,放眼望去空无一人,只看到海水汹涌,山林苍冥,伯牙悲伤地感叹:"老师触发了我的情感啊!""成于乐者",最终会通达于心,有别人不知道的妙境。

📖 易牙学琴于成连子,携之至海,延望无人,但见海水汹涌,山林苍冥,怆然叹曰:"先生移我情矣!""成于乐者",卒尔会心,有人莫能知之妙。

《论语》原典·使由章

子曰:"民可使由之,不可使知之。"

张岱讲《论语》·泰伯第八

译文　孔子说："民众可以指挥派遣他们行动，却不可以让他们知道。"

♡　张岱　王荆公

朋友圈纵横谈（▬为原文）

张岱

老子说"鱼在深水中忘记彼此，治理国家的有效工具，不可以让人看到，不可以让人民知道政治"，表示作为统治者应该更进一步，不需要让人民去衡量可以或者不可以。

▬老子曰"鱼相忘于渊，国之利器，不可以示人，不可使知政"，示为上者当进一步意，不必向民身权衡可与不可。

张岱

孔融说："父亲对于儿子来说，有什么可亲的呢？探究他的本心，其实就是他的情欲发作！儿子对于母亲，又是什么样的呢？就像寄放在瓶子里的东西，出来之后就是分离了！"这虽然是狂妄的语言，但也有一定道理。如果儿子知道了这个道理，那么他很可能就完全不顾亲情伦理了，所以说"不可使知"。大概这就是万万不能让他知道的东西吧。

　　📖 孔北海曰:"父之于子,当有何亲?论其本心,实为情欲发耳!子之于母,亦复奚为?譬如寄物瓶中,出则离矣!"此虽狂言,亦足夺理。使人子知之,则于周极大伦皆可澌减,故曰"不可使知"。盖断断乎不可使其知之者也。

张岱

　　有人说:"秦始皇焚毁诗书来愚民,也是本章所说的这个意思。"我说:不是的,圣人治理天下,是让人民忘记贪欲,忘记贪欲,即能够率性为道、实施教化了。秦国的治理是让百姓变得愚蠢,百姓是不可愚弄的,所以阴谋不断而且盗窃事件更多。圣人是为人民谋划的,秦国统治者是为自己谋划的,这是他们之间有所不同的原因。

　　📖 或曰:"秦焚诗书以愚黔首,亦是此意。"余曰:非也,圣人之治也,令民忘;民忘,则惟率而教益修。秦之治也,欲民愚,民不可愚,故谋不闲而盗愈作。圣人为民计也,秦人自为计也,此其所以别也。

王荆公

"日食月食,这是天体运行的正常现象,与国家有什么关系呢?顺乎人情之教和逆于人情之教,都是为让人修身自省。"这句话虽然说得很透彻,但是不能让君主知道,知道了之后反而会更加放纵。孔子特地把日食写在《春秋》上面,用意正是使人按照道去做而不让他知道真实的情况。

▇ 王荆公曰:"日食月食,此是天变之常,何与国家?阳教阴教,乃加修省。"此言虽说得极透,但不可使人主知之,反多一番放纵,孔子以日食特书《春秋》,正是使由不可使知之意。

张岱

庄子的"齐物"之说最通达于天,但也对治理国家最有害。假使人们都知道彭祖、殇子、孔子、盗跖最后的归属是相同的,那么谁还愿意修养自己呢?或者又知道清浊、混沌、金石、销铄这些概念,那么谁是彭祖?谁是殇子?谁是孔子?谁是盗跖?人们还愿意自我修养吗?所以说"害治"。所以孔子说:"民可使由之,不可使知之。"

▇ 庄周"齐物"之论最达天,亦最害治。使人皆知彭、殇、孔、跖同尽同归,则孰肯自修?或又知清浊、混沌、金石、销铄,孰彭?孰殇?孰孔?

《四书遇》导读

> 孰跕?肯自修乎?故曰"害治"。孔子曰"民可使由之,不可使知之"。

《论语》原典·好勇章

子曰:"好勇疾贫,乱也。人而不仁,疾之已甚,乱也。"

译文 孔子说:"喜好勇力却厌恶贫穷,就容易发生暴乱。有不仁的人,厌恶他们太厉害,也是容易产生暴乱的。"

♡ 张岱

朋友圈纵横谈(▰为原文)

张岱

> 有人议论北宋元祐、绍圣时期的政事说:公卿大夫应当懂得国之大体,蔡确这个人确实奸猾邪恶,死了也没什么可惜。然而既然他是宰相,就应该将他当宰相来对待。忠宣公范纯仁是识得国之大体的人,所以想减轻蔡确的罪名。刘挚、梁焘、王岩叟、刘安山这些人,憎恨邪恶过头了,造成日后的缙绅之祸,他们不能说没有过错。
> 不过,这恰恰是为纵容退让的人指出来祸患的本原。像舜流放四凶,周公诛杀管蔡,哪里有祸乱

张岱讲《论语》·泰伯第八

呢？@张居正说：仁人的用处，正是在杀戮之地体现出的。

　　被刺伤的老虎没有毙命，被砍断的蛇没有死，它们就会伤害更多的人。君子遇到小人，不可以不谨慎。最近杨涟、左光斗与阉党魏忠贤进行斗争，正是一个例子。

　　▇ 论元佑、绍圣之政曰：公卿大夫当知国体，以蔡确奸邪，死何足惜。然既为宰相，当以宰相待之。范忠宣，知国政者也，故欲薄确之罪。刘挚、梁焘、王岩叟、刘安山，疾恶已甚，以贻后日缙绅之祸，不能无过也。

　　此政为姑息不断者指示祸原。若舜放四凶，周公诛管蔡，又何乱乎？江陵云：仁人作用，政当于刽子场中想出。

　　刺虎不毙，断蛇不死，其伤人愈多。君子之遇小人，政不可不慎。近日杨左之御魏珰，是其鉴也。

《论语》原典·周公章

　　子曰："如有周公之才之美，使骄且吝，其余不足观也已。"

　　译文　孔子说："如果有人拥有周公那样的才能和美德，但只要他有骄纵和吝啬的毛病，余下的那些东西就不足以去看了。"

　　♡ 张岱

朋友圈纵横谈（▋为原文）

张岱

才华充足美好，就已经是"其余"了，如果有一点因为才能而动的念头，那便是连"其余"都用不着了。所以说：将小聪明收起来回归造化本身，哪怕没有才能美德也是周公一样的人。

▋才足观美，便是"其余"，一念为才所动，并"其余"亦用不着。故曰：妆敛聪明还造化，虽无才美亦周公。

张岱

有人说：人一旦犯了骄傲或吝啬的毛病，大体根本已经没有了，就算别的方面做得再惊天动地，也不值得一看。@韩愈说："上天降生圣贤，不是让他们本来就长处有余，而是想要补充他们的不足。"如果骄傲吝啬，那么即便是自己有余下的长处，又有什么可贵的呢？

骄傲之人便是器量格局小，不能容纳接受。所有骄傲的人一定是吝啬的，这是一件事情，不是骄傲了之后又生吝啬。

▋或曰：一犯骄吝其大本已亡，纵其余做得惊天动地，亦不足观。韩子曰："天生圣贤，非使之自有余而已，将欲以补其不足也。"若骄吝，则是自有余也虽余，曷贵哉？

骄者是其器局小，容受不去。故骄者未有不吝，此是一套生事，非骄了又吝也。

《论语》原典·至谷章

子曰："三年学，不至于谷，不易得也。"

译文　孔子说："学习三年之久，心能够保持不为谷禄所动的人，是不容易找到的啊！"

♡　张岱　黄贞父

朋友圈纵横谈（▮ 为原文）

黄贞父

不追求利禄，也不仅仅是不要利禄；三年来的学习，一定会积累一些经世致用的方略，这个时候最容易技痒，却能稍不动心。这并不是内心枯槁、忘却世间。

▮ 黄贞父曰：不志于谷，非独利禄不入；三年积学，必有一段经济可见，此处最易技痒，而略不动心，然却不是枯槁忘世。

张岱

> 　　管宁、华歆一同学习，锄地见到一块金子，管宁看到了它就像见到瓦块石头一样，华歆先捡起来然后又扔掉了。他们又经常坐在同一张席子上，门口有人乘坐高大马车经过，管宁继续像之前一样读书，华歆将书放下来跑出去看。管宁将席子割裂分开说："你不是我的良友。"像管宁这样的人，才能被称为"不志于谷"。
>
> 📖 管宁、华歆同学，锄地见金，宁视如瓦石，歆捉而掷之。又常同席，有乘轩过门者，宁读书如故，歆废书往视。宁割席分坐曰："子非吾友也。"如管宁者，方谓之"不志于谷"。

《论语》原典·笃信章

　　子曰："笃信好学，守死善道。危邦不入，乱邦不居。天下有道则见，无道则隐。邦有道，贫且贱焉，耻也。邦无道，富且贵焉，耻也。"

　　译文　孔子说："笃实坚信又好学，固执守住以至于死，来求取善道。看见危邦不进去，乱邦则不居留。天下有道就出现，无道就隐藏起来。倘若邦国有道的时候，仍旧贫穷低贱，就可耻了；邦国无道的时候，富裕且高贵，就可耻了。"

　　♡ 张岱

朋友圈纵横谈（为原文）

张岱

坚定信仰的人，又需要好学，这样才能圆融通透而不拘泥偏执；坚持固守的人，又要是明善之道，这样才能行为中正而不偏狭枯燥。所以能够不进入、不居住在危险的国家，天下有道则出现于世，天下无道则归隐。这些都是从道的力量、学问的力量中来，不然就是可耻的。

对于有学养、坚守道的人来说，是"隐"和"现"；对于没有学养、不坚守道的人来说，则是富贵、贫贱。贫贱不能算是"隐"，富贵不能算是"现"。上下两句的意思都是相通的。

君子将天下放在心上，到了一个国家必定是想有所作为的。危险的国家可以使它变得安定、混乱的国家可以使他变得有秩序，不进入、不居住的地方，是大势已去不可挽回了，所以要根据时机来作出判断。

 笃信的人，又要好学，圆融而不拘执也；守死的人，又要善道，中正而不偏枯也。所以能危不入，乱不居，有道见，无道隐。此都从道力、学力来，不然便为可耻。

在有学守者，为"隐""见"；在无学守者，为富贵、贫贱。贫贱算不得"隐"，富贵算不得

"见"。上下骨节都通。

君子以天下为心,至是邦即欲有为。危可使安,乱可使治,不入不居者,势不可为,故见机而作也。

《论语》原典·在位章

子曰:"不在其位,不谋其政。"

译文　孔子说:"不在此职位上,不谋划此职位上的事情。"
♡ 张岱

朋友圈纵横谈（▋为原文）

张岱

这句话是反向说明,本来是为了针砭占着位置却不做事情的现象,而不是诘问谴责越俎代庖的现象。

朋党产生于替别人筹谋,想要解除他们的谋划,就应当好好研究方法。

▋此反证语也,原箴砭"尸位",非诘责"越俎"。

党与生于替谋,欲散其谋,当密考工法。

《论语》原典·师挚章

子曰:"师挚之始,《关雎》之乱,洋洋乎盈耳哉!"

译文 孔子说:"从鲁国乐师挚的升歌开始,直到《关雎》中的合乐结束,洋洋洒洒的美妙音乐充盈在我的耳中。"

♡ 张岱 张夏占

朋友圈纵横谈(▊为原文)

张夏占

> 挚刚开始在鲁国做乐师的时候,每次演奏都以《关雎》为合乐作为终结。是因为知道各种教化都从女性开始,就用音乐来劝谏,所以孔子感叹赞美他。
>
> ▊张夏占曰:"师挚在官之初,每以《关雎》为乱。盖知万化起于闺门,以乐谏也,所以夫子叹美之。"

张岱

> 孔子说师挚懂得音乐,是感慨他的离开而思念他,并不是仅仅感慨音乐。之前没有人领会到这层意思。

▓ 夫子语太师以知乐,至是慨其去而思之,非徒慨乐也。从无人会此。

《论语》原典·狂直章

子曰:"狂而不直,侗而不愿,悾悾而信,吾不知之矣。"

译文　孔子说:"粗狂却不正直,无知却不谨慎厚实,无能却不真实可信,这样的人我真是不知道他的。"

♡　张岱

朋友圈纵横谈(▓为原文)

张岱

明明就是奸诈虚伪的人,却又假借一种狂妄傲慢或者老实的样子来掩饰,比那些本来就是矫饰造作的人更加危险,难道不可恶吗!

天生的丑女,穿着布裙戴着荆钗,有什么可恶的呢?但她又去涂脂抹粉、化妆打扮、东施效颦一样去假扮娇憨,这样就很可恶了。

▓ 明是诈伪之人,又借一种假狂简、假老实以掩饰之,则较之本色雕斫之人又更险矣,岂不可恶!

> 天生丑妇,裙布荆钗,有何可恶?搭脂抹粉,乔装打扮,效颦娇痴,然后可恨。

《论语》原典·不及章

子曰:"学如不及,犹恐失之。"

译文　孔子说:"学习就像来不及一样迫切,也像担心会失去它一样。"

♡ 张岱

朋友圈纵横谈(▮ 为原文)

张岱

"如不及"是赶到前面;"犹恐失"是害怕落后。语意是相通的。

别人歇息,我不敢歇息;别人停下,我不敢停下。宁戚努力学习三十年,最终成为帝王的老师。

▮ "如不及",是赶上前;"犹恐失"是怕落后。语意一气。

他人息,吾则不敢息;他人休,吾则不敢休。宁戚力学三十年,而为王者师。

《论语》原典·舜禹章

子曰:"巍巍乎,舜禹之有天下也,而不与焉!"

译文　孔子说:"浩大啊!像舜、禹这样,拥有了天下,却像和自己不相干一样。"

♡ 张岱

朋友圈纵横谈(▰ 为原文)

张岱

> 舜禹不以天下为己有,不是将天下视为破旧的鞋子。舜忧虑操劳,大禹事务繁忙到手足起茧,对上来说是为了君主父亲,对下来说是为了黎民百姓,从未将天下视为自己的,而是将自己奉献给了天下。如果只把轻视天下视为崇高,那为什么巢父和许由(二位皆是尧时期的隐士)不如舜禹呢?
>
> ▰ 舜禹不与,非敝屣天下之谓也。舜忧勤,禹胼胝,上为君父,下为苍生,未尝视为己之天下,而以己与焉者也。若只以轻视天下为巍巍,则巢由何遂不如舜禹?

张岱

将百姓生活的痛苦当作是自己的痛苦，正是将自己奉献给天下，而不是将天下当成自己的。像商纣王这样建鹿台、巨桥两座宫苑来存放天下的财宝、粮食，是剥夺天下来奉养自己，是将天下当作自己的私有财产的人。

▌饥溺由己，政是以己与天下，不是以天下与己。鹿台、巨桥，克剥天下以奉己者，是以天下与己者也。

《论语》原典·则天章

子曰："大哉尧之为君也！巍巍乎！唯天为大，唯尧则之。荡荡乎！民无能名焉。巍巍乎其有成功也！焕乎其有文章！"

译文 孔子说："尧作为君主是多么伟大啊！浩大啊，只有天是那么高大，只有尧可以与天处在同一准则上。广阔啊，民众难以将尧的德行用言语表达出来。伟大啊！尧执政时的成功。光明啊！尧执政时的礼乐法度！"

♡ 张岱

朋友圈纵横谈（ 为原文）

张岱

> 孔夫子称赞《易》说："大哉，乾元！"与这里的"大哉"是相同的，所以说"惟尧则之"。"巍巍"是赞美尧，不是在赞美天。@宋代大儒饶鲁说："则之"就像《易》和天地是一致的，互相平等的，不是谁效法谁。"成功"和"文章"不能并列，"文章"是从"成功"中看出来的。中间加一个"也"字，意思就很明确了。"焕乎"是从"巍巍"中又抽出来说的。
>
> 夫子赞《易》曰："大哉，乾元！"与此"大哉"同，所以云"惟尧则之"。"巍巍"是赞尧，不是言天。饶氏曰："则之"，如《易》与天地准，相与平等，非取法也。"成功""文章"不可并对，"文章"自在"成功"内看出。中间加一"也"字，语意自明。"焕乎"从巍巍内又抽出言之耳。

《论语》原典·才难章

舜有臣五人而天下治。武王曰："予有乱臣十人。"孔子曰："才难，不其然乎？唐、虞之际，于斯为盛。有妇人焉，九人而已。三分天

张岱讲《论语》·泰伯第八

下有其二,以服侍殷。周之德,其可谓至德也已矣。"

译文 舜有五位臣子而使天下能够大治。武王说:"我有十位治世之臣。"孔子说:"古语说德才难得,不是这样的吗?唐虞交汇之时,到周时算是鼎盛了;其中还有一位妇人,实际上是九个人而已。天下三分,周朝占有两分,却仍在服侍殷朝。周朝那时的德,真可称得上是极致的德啊!"

♡ 张岱　冯尔赓　刘端甫

朋友圈纵横谈(▉为原文)

张岱

不说"事纣"而说"事殷";不说"文武之德",而说"周之德"。这里面都是有原因的,圣人没有一个字是妄言的。

十个治世之臣中的那个女人是邑姜,是武王的王后,姜太公的女儿。大部分人对此都不知道。

▉不曰"事纣"而曰"事殷";不曰"文武之德",而曰"周之德"。此中皆有关系,圣人一字不妄。

十乱内妇人是邑姜,武王后,太公女也。人多不晓。

冯尔康

> 大着胆子放上一个"乱"字,猛烈的气势纵贯千秋、横贯一世。
>
> 📖 冯尔康曰:斗胆拈个"乱"字,凌厉千秋,横绝一世。

张岱

> 后来的开国贤君,有谁愿意以打击乱臣来自居呢?周武王却独独将这件事情昭告天下及万世,怎么能说周武王不是圣人呢?
>
> 这是借用尧舜来形容周朝,不是在赞美尧舜。唐虞那两句话,不是说尧舜时期的人才比周朝更为繁盛,而是说只有尧舜时期和周朝人才最为繁盛。一边是君臣之间,一边是父子之间,都是一样的,语气主要侧重在周朝这边。
>
> 📖 后来开基贤主,谁肯摽乱臣自居?武王独以之告天下万世,安得谓武王非圣人?
>
> 此借唐虞以形周,非美唐虞也。唐虞二句,不是唐虞之际较于斯为盛,是言惟唐虞之际及于斯为并盛耳。一边君臣相际,一边父子相际,总是千古无两,语气顺归重周一边。

刘端甫

> 文王的身世向上逆推是由后稷来的,而周朝应该称王是从尧舜之际着眼的,没有人点破这一点。
>
> ▣ 刘端甫曰:文王身上推本后稷来,则周之宜王在唐虞之际着眼,无人拈破。

《论语》原典·无间章

子曰:"禹,吾无间然矣。菲饮食而致孝乎鬼神,恶衣服而致美乎黻冕,卑宫室而尽力乎沟洫。禹,吾无间然矣。"

译文　孔子说:"禹,我对他是没有什么可以批评的了。在饮食上淡薄,而尽心孝敬鬼神。常服简陋,而在祭祀的礼服上却极尽美盛,居住的宫室卑陋,而尽力修治沟洫水道。我对他没有什么可以批评的了。"

♡ 张岱　张无垢　唐伯虎

朋友圈纵横谈(▣为原文)

张无垢

> 不够明智的人大多只看到了一个"间"字,圣人的想法是很全面的,大禹和孔夫子两人之间是

"无间然"的。"无间"是从两个"吾"字上发起的，如果只从孔子个人的角度来看这句话的意味就减轻了，以前没有人看破这一点。

▪ 张无垢云：担板人多见一"间"，圣人心思甚周旋，方知大禹同夫子彼此观之"无间然"。"无间"就两"吾"字上发之，于夫子尚论意煞有味，从无人破。

 唐伯虎

如果把本章比作一支曲子，禹这个字中间有一拍掀板，后面还有一拍底板，不能够一直唱下去。

▪ 唐伯虎云：禹字中有一掀板，下有一底板，不得一直唱下。

张岱

有虞氏以禘礼对待黄帝而以郊礼对待喾，以颛顼为祖而以尧帝为宗。夏后氏则以禘礼对待黄帝而以郊礼对待鲧，以颛顼为祖而以禹帝为宗。一个不遵守命令、危害同族的罪人（指禹的父亲鲧），却俨然就像是与天地相配，对此禹自己也非常不安。所以禹就吃粗劣的食物、穿麻制的袍子、住茅草屋，去做开山疏导河道的事情，一生都在坚持。无非就是因为贬损自己，完成父亲的未竟之业，用自己的孝心感动天下万世之人，这样才能有助于稳固父亲在明堂的灵位，使他能够享受到祭品。这是禹的痛心之处，也是他的大孝所在。

有虞氏禘黄帝而郊喾，祖颛顼而宗尧。夏后氏则禘黄帝而郊鲧，祖颛顼而宗禹。夫命圮族之一罪人，俨然与天地相配，此时禹亦有大不安处。故进粗粝，御枲缊，居茅茨，刊山浚川之事，与此身相为终始。无非身自贬损，以干父之蛊，以孝思感动天下万世，乃得济我父于明堂之位，而享兹苾芬者。此禹之痛心，禹之大孝也。

子罕第九

《论语》原典·罕言章

子罕言利，与命，与仁。

译文　孔子平时很少谈及利和命、仁。

♡ 张岱

朋友圈纵横谈（为原文）

张岱

　　是"罕言"，不是"不言"。是"利，与命，与仁"，不是利、命、仁。是说虽然很少谈到"利"，但"命"和"仁"也是和"利"一样是很少谈论到的。记录者不想把天理和欲望放在一起说，所以用了两个"与"字。

　　是"罕言"，不是"不言"。是"利，与命，与仁"，不是利、命、仁。盖谓利固罕言，命与仁，亦与利而罕言。记者不欲以理欲混说，故着二"与"字。

《四书遇》导读

《论语》原典·达巷章

达巷党人曰:"大哉孔子!博学而无所成名。"子闻之,谓门弟子曰:"吾何执?执御乎?执射乎?吾执御矣。"

译文 达巷党人说:"伟大啊孔子!博学却没有能够成就名声的技艺。"孔子听到了,对门下弟子说:"我要做什么呢?从事驾御技术吗?还是从事射击技术呢?我情愿从事驾御技术。"

♡ 张岱

朋友圈纵横谈(▬为原文)

张岱

孔子说"大哉尧之为君","民无能名焉"。达巷的乡人却说"大哉孔子!博学而无所成名"。这是极度地尊崇孔子。孔子也没有说到"大""博""名"这些东西,而是把平常的技能,自己掂量了一番,发现都是学习而来的,都是可以成名的,这其中虚静恬淡的意思,不是语言所能表达的,所以只能从"子闻之","谓门弟子"这七个字上进行思考。

达巷党人指的就是项橐,他七岁的时候就做了孔子的老师。"大哉孔子!博学而无所成名",是孔子一生中第一的画像赞词,这和仪封人说"天将以夫子为木铎"那句话，都是讲了世人不敢讲的话。孔夫子的知己，没有超越这两个人的了。

▉ 孔子谓"大哉尧之为君"，"民无能名焉"。达巷党人却说"大哉孔子！博学而无所成名"。尊之极矣。孔子也不说个"大"，也不说个"博"，也不说个"名"，只就平常技艺事，自己筹度一番，见无之非学，无之非名处，此际冲漠意思，非言能传，故只"子闻之"，"谓门弟子"七个字上着想。

达巷党人即项橐，七岁而为孔子师。"大哉孔子！博学而无所成名"，是孔子一生第一像赞，与仪封人"木铎"一语，都是开世人不敢开之口。夫子知己，无过此两人。

《论语》原典·麻冕章

子曰："麻冕，礼也；今也纯，俭，吾从众。拜下，礼也；今拜乎上，泰也。虽违众，吾从下。"

译文　孔子说："穿戴麻制缁布冠，是礼啊；现用丝来代替，很节俭啊，我遵从众人。臣向君行礼，拜于堂下，是礼啊；现在却在堂上行拜礼，很傲慢啊。即使违背众人，我也要选择拜于堂下。"

♡ 张岱

朋友圈纵横谈（▇ 为原文）

张岱

> 想说"拜上"之礼，而先说"黑丝"，是在记录变化的开始。孔子惋惜礼节渐失的意思是隐藏于此的。说到"下"，是说对定公、哀公有很多不满。
>
> ▇ 说"拜上"，先说"纯"，志始变也。圣人惜繁缨之意隐然。言"下"，所谓定、哀之间多微词耳。

张岱

> "俭"这一个字，是孔子从变化的礼中勉强看到的一个好处。如果只是呆板地将它作为实际来讲，就是错误地理解了"速贫""速朽"这些话。
>
> ▇ "俭"之一字，是圣人从变礼中勉强看出他一段好处。若呆讲，实讲，便误认"速贫""速朽"之语。

《论语》原典·绝四章

子绝四：毋意，毋必，毋固，毋我。

译文　孔子避免四种行为：无私意、无期必、无执滞、无私己。

♡　张岱　张子韶

朋友圈纵横谈（▨为原文）

张岱

> 孔子自己说"无可无不可"，与这句话的大意是相同的。@刘贡父说孔子和佛教的说法，是内外相互配合、共为一体的。孔子说"毋意、毋必、毋固、毋我"，而佛教说"无我、无人、无众生、无寿者"，这两句话像是一个人说的。
>
> ▨ 夫子自言"无可无不可"，与此同旨。刘元城曰孔子佛氏之言，相为表里。孔子言"毋意、毋必、毋固、毋我"，而佛言"无我、无人、无众生、无寿者"，其言若出一人。

 张子韶

> 本章将"毋"为"绝"等同起来，但二者还是不同的。我认为记录这句话的弟子见解不是很到位，如果圣人真的"绝"，那么不知道"毋"又该怎么解释呢？
>
> ▨ 子韶云：以毋为绝绝非毋，自谓门人见处疏，若使圣人真个绝，不知毋理却如何？

《论语》原典·文在章

子畏于匡,曰:"文王既没,文不在兹乎?天之将丧斯文也,后死者不得与于斯文也;天之未丧斯文也,匡人其如予何?"

译文　孔子在匡地被当地人包围,说:"文王已经逝去,礼乐制度文明不就在我这里了吗?天如果想要此礼乐制度丧失,后来人是听闻不到这种制度文明了啊;天如果不想要这种制度文明丧失,匡地的人能将我怎么样呢?"

♡　张岱　管东溟　苏东坡

朋友圈纵横谈(■为原文)

管东溟

玩味"天之未丧斯文"这句话,应该是指赞《易》这件事情。《易》由伏羲开创,是万世文字的鼻祖,周文王将《易》演算为系辞,所以当年文王就囚禁在羑里这个地方而没有死亡。孔夫子研究《易》以至于韦编三绝,道就在他的身上,匡地的劫难怎么能伤害得了他呢?

■　管东溟曰:玩"天之未丧斯文",当指赞《易》一事说。《易》始于羲皇,为万世文字之祖,文王演之为辞,故羑里不足以死文王。夫子韦编之披,文在兹矣,匡难如何害得?

张岱

阳货曾经在匡这个地方实施暴行,孔子的弟子颜尅当年跟阳货在一起。孔子去陈国路过匡,颜尅驾着车,匡人认识颜尅,而孔子相貌又像阳货,所以匡人持着兵器将孔子一行人围困了五天。孔子弹着琴歌唱,声音和乐曲都很哀伤。这时,暴风袭来,匡人军士都被吹倒了,于是匡人才知道孔子是圣人,于是自行解围离去。

阳货曾暴于匡,夫子弟子颜尅时与虎俱。夫子适陈过匡,颜尅御,匡人识尅,夫子貌又似货,匡人以兵围之五日。孔子乃和琴而歌,音曲甚哀。有暴风击军士僵仆,于是匡人乃知孔子圣人,自解去。

苏东坡

如果处于患难之中而不悲伤,这样的人与木头石头有什么区别呢?

苏子瞻曰:"居患难而不戚戚,此与木石何异?"

张岱

> "文不在兹"跟"吾道非耶"那句话的意思是一样的。一番忧虑疑惑,一番提点警醒,吉凶都与百姓一起承受。
>
> 📖 "文不在兹",即"吾道非耶"之语。一番忧疑,一番提醒,吉凶与民同患。

《论语》原典·多能章

太宰问于子贡曰:"夫子圣者与?何其多能也?"子贡曰:"固天纵之将圣,又多能也。"子闻之,曰:"太宰知我乎!吾少也贱,故多能鄙事。君子多乎哉?不多也。"牢曰:"子云:'吾不试,故艺。'"

译文 太宰问子贡:"孔夫子是圣人吗?为什么他又这么多能呢?"子贡说:"一定是天要使夫子成为圣人,同时又让他多能啊。"孔子听到了,说:"太宰了解我啊!我年少时,地位低贱,所以会做很多鄙陋之事。君子需要多能吗?不需要啊。"琴牢说:"孔子说过:'我不为世所用,所以习得了一些技艺。'"

♡ 张岱 杨复所

张岱讲《论语》·子罕第九

朋友圈纵横谈（▨ 为原文）

杨复所

这是孔子亲口说的，而后世有人不相信，又勉强用各种方法加以曲解，是很可笑的。太宰本来就知道圣学不以多才多艺为贵，所以问子贡："夫子圣者与？何其多能也？"是在质疑圣人不需要多种才能，而子贡的回答尚有许多瑕疵，他的见解并不彻底清楚。所以孔子说太宰了解我，正是为了点拨子贡，这句话应该与《多学而识章》互相参照着理解。"固天纵之将圣"与"川之方至""日之将升"的意思是相同的，并不是谦虚的说法。

▨ 杨复所曰：此夫子亲口语也，而后人不信，又必曲为之说，亦大可笑已。盖太宰原知圣学不贵多能，故问子贡曰："夫子圣者与？何其多能也？"疑圣不必多能也，而子贡之言尚多夹带，未见彻底澄清。故夫子谓太宰知我，正是点化子贡处，当与《多学而识章》参看。"固天纵之将圣"与"川之方至""日之将升"同解，不作谦词。

张岱

子贡有很多才能，所以圣人教育子贡，也从"多能"这个角度，就像是用绣球来驯服狮子的方法。所以以前说曾子用"阳秋""江汉"来说孔子，只是曾子心目中的孔子；孟子用"小鲁""小天下"来说孔子，只是孟子心目中的孔子；子贡用"多能""天纵"来说孔子，只是子贡心目中的孔子。就像盲人摸象一样，摸到耳朵的人以为大象像簸箕，摸到鼻子的人以为大象像木棒，摸到象牙的人以为大象像长杆矛；摸到大象身体的一部分，都把它们当作大象。其实大象的整体面貌，不是盲人所能揣摩得到的。

> 子贡多能，圣人调伏子贡，亦以多能，盖以绣球驯狮子法也。故昔人有言曾子以秋阳、江汉说夫子，只成得曾子之夫子，孟子以小鲁、小天下言夫子，只成得孟子之夫子，子贡以多能、天纵言夫子，亦只成得子贡之夫子。如盲人摸象，得耳者以为如簸，得鼻者以为如杵，得牙者以为如槊；摸得一体，皆以为象。其实象之全体，非盲者所能揣摩得也。

《论语》原典·鄙夫章

子曰："吾有知乎哉？无知也。有鄙夫问于我，空空如也。我叩其两端而竭焉。"

译文　孔子说："我有知识吗？我没有知识啊。有地位低下的人曾来问我,我心中空空如也。我只不过是将事物的两端都反过来叩问他,一步步问到穷尽处,就明白了。"

♡ 张岱

朋友圈纵横谈(为原文)

张岱

> 镜子自己没有影像而能照出影像,大江没有影子而能照出月的影子,风吹入孔洞而发出声音,钟受到击打而响声传遍四方,什么都没有,所以什么都有。随时问就随时反过来叩问,叩问不是由我主动发出的,随时叩问随时穷尽,我也不保留什么,"吾有知乎哉?无知也。"
>
> 镜无相而相现,江无影而月来,风入窍而于喁,钟受击而响彻,全体无,故全体有也。随问随叩,叩不由我,随叩随竭,我亦不留,"吾有知乎哉?无知也。"

《论语》原典·凤鸟章

子曰:"凤鸟不至,河不出图,吾已矣夫!"

译文 孔子说:"凤鸟不来这里鸣叫,黄河中没有龙马背负着图浮出水面,我大概是完了吧!"

♡ 张岱

朋友圈纵横谈（▮为原文）

张岱

> 凤凰筑巢在阿阁,麒麟游苑,都是帝王的吉祥预兆。没有圣明的君王,世人也不以我的思想为宗,等到鲁国猎获麒麟时孔子掩面而泣,涕泪沾湿衣袍,感慨至深。
>
> ▮凤巢阿,麟游苑,都是帝王祥瑞。明王不作,世莫宗予,及至获麟掩泣,涕下沾袍,感慨极矣。

《论语》原典·子见章

子见齐衰者、冕衣裳者与瞽者,见之,虽少,必作;过之,必趋。

译文　先生见到穿着丧服的人、戴着帽子穿着盛装的人以及盲人,他们如果来见先生,先生必定会从座位上站起来,即使是年轻人也一样。若是从他们身边走过,必定会改步疾行。

♡ 张岱

张岱讲《论语》·子罕第九

朋友圈纵横谈（为原文）

张岱

> 圣人敬畏大人，所以见到戴礼帽的人一定会改步疾行。因为他可敬而对他恭敬，和我有什么关系呢？这之间是自然自在的，没有什么不平顺。孟子藐视大人，所以说"我何畏"，他的心中还有一个"我"存在，可以看出他作为贤人的刚健气象。
>
> 圣人畏大人，故见冕者必趣。因其可敬而敬之，于我何与？此际浑然自在，风波不起。孟子藐大人，故曰"我何畏"？彼胸中有个我在，便见贤人岩岩气象。

《论语》原典·喟然章

颜渊喟然叹曰："仰之弥高，钻之弥坚。瞻之在前，忽焉在后。夫子循循然善诱之，博我以文，约我以礼，欲罢不能。既竭吾才，如有所立卓尔。虽欲从之，末由也矣。"

译文 颜渊叹着气说道："仰望它，愈望愈高，钻研它，愈钻愈坚。看它好像一会儿在前，一会儿在后。孔夫子善于有次序的引导人前进，用知识来丰富我，用礼仪来规约我，想要停止都不能够。我已经穷尽了我的才智，却看到它在前面卓尔矗立。即使我再想往前跟上，却感到不知何路可走。"

♡ 张岱　杨贞复　管登子　徐子卿　周季侯　丘毛伯

朋友圈纵横谈（▎为原文）

张岱

"高""坚""前""后",就是"末由"的情景,整句话的前后是同一个要点,这样才能体现"喟然"的神情语气。如果把前面的部分当做是没有到达境界的话语,那么就变成了一种叙述,不是"分明动静应无相,不觉龙宫吼一声"的得道境界了。

作这道题的人,颜回没有说一个"道"字,才算是高手。

这个时候颜回的肢体都废弃不用,心中眼里的东西全部忘记,就好像是探骊得珠,龙珠到手之后,回来再回想龙穴,已经不知道在哪里了。道的精妙、心的关键都从"末由"这一句话中体现出来,凡是说颜回苦苦追寻孔子卓然而立,没有达到同一境界的说法,都不亚于痴人说梦。

▎高坚前后,正"末由"光景,前后总是一个机关,才接得喟然神气。若把前节做未到手说话,是叙体,不是因地一声境界。

作此题者,颜子口中不露一"道"字,方是高手。

此时颜子肢体皆堕,心目尽忘,如探龙得珠,珠既在手,还想龙穴,已不知何处。道妙心机从"末由"句中一齐见出,凡谓颜苦孔卓,并未达一间者,何啻说梦。

杨贞复

用广博来祛除分别心、爱憎心,用简约来祛除依傍心、执著心,就可以明白"博""约"的宗旨了。

▌杨贞复谓:以博去分别心,爱憎心,以约去依傍心,执着心,可省"博""约"之旨。

管登子

"末由"就是颜渊讲自己的境界,过了这里以后,未能达到的或者未能知道的,是通于天地的大道之学。孔子因此对他有"见其进,未见其止"的惋惜。

▌管登子曰:"末由"即夫子自道,过此以往,未之或知处,乃乾元统天之学也。夫子所以有"见其进,未见其止"之惜。

张岱

颜回卓然而立,是三十而立,他分明就是一个夭折的圣人。

▌颜子卓立,盖三十而立也,分明一个夭亡圣人。

徐子卿

有人问颜回既然对圣人之道欲罢不能，怎么又说没有道路呢？我回答：就像雕塑佛像一样，虽然能雕得栩栩如生，就像活的一样，但是要真的让它获得灵力，谁能知道该怎么办呢？画龙的人能够在给龙画上眼睛之后让它变成活的而飞走，不要说没有这样的事，毕竟是因为大家都不知道这样的方法。

▌徐子卿曰：或问颜渊既欲罢不能，又何言莫由？余云：如塑佛像，虽能使生意流动，俨然如活，要得灵感，孰知其由？画龙者之点睛飞去，莫道无此事，毕竟无此法。

周季侯

凡是到了人的心力不足的时候，才开始感叹。"喟然"两个字，正是"欲从""莫由"的真实景象。记录者通过这种描述来摹画颜回的神情，大有想象空间。

▌周季侯曰：凡人到心力莫用处，始发之叹。"喟然"二字，正"欲从""末由"之真景象也，记者以此拟其神情，绝有可想。

丘毛伯

两个"弥"字,一个"忽"字,就是卓然而立的情境,这是顿悟了之后再来谈未悟之前的情景。这是感慨道的话语,不是求取道的话语;是已经得道所说的话,不是刚入门说的话。

▮ 丘毛伯曰:两"弥"字,一"忽"字,正是立卓之境,此是悟后谭迷。乃叹道语,非求道语;乃既得语,非初入语。

张岱

这是颜回离开了保姆,放下了拐杖开始独立时的情景。俗话说大象生下小象,等到小象长大,比母象还要大,怎么可能让小象重新回到母象肚子里呢?况且"末由也已",哪里是说没有办法呀,就像是一个行者到了自己家,自然就在自己家歇息了,忽然作为主人出现,即便想跟随别人,也是不可能的。"所立卓尔",已经是圣人修行圆满的力量了。

▮ 此颜子离却保母,放下拄杖时光景。俗言大象生下小象,比长成,大于象母,岂可使之入象母腹中耶?且"末由也已",岂是没法的话,盖如行者到家,自然止息自家,主人陡地出见,虽欲从人,不可得已。"所立卓尔",已是圣人成位乎中力量。

《论语》原典·为臣章

子疾病，子路使门人为臣。病间，曰："久矣哉，由之行诈也！无臣而为有臣。吾谁欺？欺天乎？且予与其死于臣之手也，无宁死于二三子之手乎？且予纵不得大葬，予死于道路乎？"

译文　孔子病得很严重，子路让门人担当孔子的家臣准备丧事。病稍好时，孔子说："很久了啊，子路你的行为是欺骗啊！我本没有家臣却有了家臣，这是欺骗谁呢？欺骗上天吗？况且与其死在家臣的手里，不如宁愿死在你们这些弟子的手里！而且我纵使不能够进行大葬，还能死在路上没人安葬吗？"

♡ 张岱

朋友圈纵横谈（📖为原文）

张岱

> 这跟孔子不肯厚葬颜回是一样的想法，因为君道、师道，孔子知道它们各有自己的位分。何必去借用君道，以此为贵？"臣之手""二三子之手"，语言很有意味，后世把文宣王的谥号封赠给孔子的，全都是不了解他的人。
>
> 后来孔子拖着手杖自在行走，歌咏泰山、梁木，临终前的一段情景，多么洒脱磊落，多么超然旷达！子路用"为臣"来侮辱孔子，可见学问是多么粗浅。

此与不肯厚葬颜子一个念头，盖君道师道，夫子知其有分耳。何必复借君道，以为重乎？"臣之手""二三子之手"，语极有味，固知后之以文宣王谥孔子者俱不知孔子者也。

后来曳杖逍遥，歌泰山，歌梁木，临终一段光景，何等洒落，何等超旷！乃以"为臣"辱吾孔子，子由学问如此粗浅。

《论语》原典·美玉章

子贡曰："有美玉于斯，韫椟而藏诸？求善贾而沽诸？"子曰："沽之哉！沽之哉！我待贾者也。"

译文　子贡说："如果有一块美玉在这，是装在匣子里藏起来呢？还是求得好的价钱把它卖掉呢？"孔子说："当然是卖掉它，卖掉它！我只是在等人出价。"

♡ 张岱

朋友圈纵横谈（为原文）

张岱

"沽之哉"，用"沽"字来破解他的"藏"字，"我待贾"，用"待"字来破解他的"求"

字。依着他说的话来回答他，子贡是有意的，孔子是无心的。

▇ "沽之哉"，"沽"字破他"藏"字，"我待贾"，"待"字破他"求"字。就其言而答之，子贡有意，夫子无心。

张岱

孔夫子称许子贡为瑚琏，子贡比喻夫子为美玉，是他们相互钦佩看重对方。入世出世之际，只是一个"待"字，多么平和中正，多么圆融自然！

▇ 夫子许子贡以瑚琏，子贡谅夫子为美玉，是其两下自相钦重处。出处之际，只一"待"字，何等平正，何等圆成！

《论语》原典·居夷章

子欲居九夷。或曰："陋，如之何？"子曰："君子居之，何陋之有？"

译文　孔子想要去九夷之地居住。有人对他说："那儿太简陋闭塞了啊！你要怎么住下啊？"孔子说："有君子居住的地方，哪里会简陋闭塞呢？"

♡　张岱　王阳明　徐子卿

朋友圈纵横谈（▓为原文）

王阳明

不一定要说"所居则化"，这句话还有所滞碍，中国的君子可以居夷狄、可以处患难，没有什么情况下是不能自得的。九夷的闭塞，对君子有什么影响呢？所以说："何陋之有？"

▓ 王阳明曰：不必说"所居则化"，此言碍了，中国君子可夷狄、可患难，无入而不自得。九夷之陋，于君子何有焉？故曰"何陋之有？"

徐子卿

不能说你是你，我是我，你闭塞自然闭塞，我居住自然居住，如果是这样，那么君子就不能被称为君子了。

▓ 徐子卿曰：说不得尔为尔，我为我，陋自陋，居自居，若然，则君子且不得为君子矣。

张岱

只有明确说出君子能到所到之处就不闭塞落后的关键，才能继续下去，不然孔夫子就好像在跟别人抬杠，像柳下惠那样不够庄重了。（"伯夷隘，柳下惠不恭"出于《孟子·公孙丑上》。）

　　泰伯居住在吴国，箕子居住在朝鲜，未尝不是居住在蛮夷之地。圣人到了那里，自然有精妙的作用，不要认为是毫无作用。如果只是为了避开一些地方避开一些人，何必要远远离开中原地区呢？

　　▌要明白说个君子能到处不陋的把柄，才有下落，不然，则夫子亦似与人掉口，涉柳下之不恭矣。

　　泰伯句吴，箕子朝鲜，未尝不是居夷。圣人至此，自有妙用，不要太说得毫无作用。若只要避地避人，何必远去中国？

《论语》原典·乐正章

　　子曰："吾自卫反鲁，然后乐正，《雅》《颂》各得其所。"

　　译文　孔子说："我从卫国返回鲁国，然后开始厘正礼乐，使得《雅》和《颂》能够各得其所。"

　　♡　张岱　郑夹漈　汤宣城

朋友圈纵横谈（为原文）

 郑夹漈

> 孔子编写《诗经》，是为了在燕飨和祭祀的时候，用来当作登堂时演奏的乐歌的，而不是用来说明义理的。古代的诗，相当于现代的词曲。可惜注解者都没有提及到厘正音乐，只是像为诗作序。
>
> 郑夹漈曰：仲尼编《诗》，为燕享祭祀之时，用以升歌，而非用以说义也。古之诗，今之词曲也。惜作者每于正乐无着，只似序诗耳。

张岱

> 这一章是厘正音乐，而不是厘正《诗经》，不是说《诗经》有残缺或次序混乱的情况。舞佾、歌雍，都不是它们原来该有的样子。
>
> 此章是正乐，不正是《诗》，非残缺失次之谓也。舞佾、歌雍，皆是不得其所。

 汤宣城

> 《雅》《颂》都是周天子用的乐章，就是孟子所说的"王者之迹"。孔子念念不忘地复兴周礼，不得已将复兴周礼的愿望寄托于鲁国；离开卫国，

是在陈国之后，感慨良多。先是厘正《乐记》，然后再写《春秋》，唉！用心良苦啊！

▩ 汤霍林云：《雅》《颂》皆周天子乐章，即孟子所云"王者之迹"也。惓惓兴周，不得已寄周于鲁；去卫，在陈之后，无限感慨。一正《乐》，再作《春秋》，噫！苦矣！

张岱

古乐留存在鲁国，乱世之音始现于卫国，所以孔子厘正音乐，正好是在从卫国返回鲁国的时候，读者应当看到这一点。

▩ 古乐存于鲁，变风始于卫，故孔子正乐，适值自卫反鲁，看官着眼。

《论语》原典·何有章

子曰："出则事公卿，入则事父兄，丧事不敢不勉，不为酒困，何有于我哉？"

译文 孔子说："出外则侍奉公卿，入内则侍奉父兄，有丧事不敢不尽力去做，不会饮酒过度而迷乱，这对于我而言有什么问题呢？"

♡ 张岱　李卓吾

朋友圈纵横谈（为原文）

 李卓吾

> 平常人认为容易的东西，圣人认为是难的，这就是圣人之所以为圣人的原因。
>
> 李卓吾曰："常人以为易者，圣人以为难，此其所以为圣人。"

张岱

> 人仔细反思，仅仅"入则孝，出则悌"、穿衣吃饭，就有多少不合心意的地方，不要被自己马马虎虎地掩饰过去。
>
> 孔子说"侍奉公卿"，孟子说"藐视大人"，这就是圣人和贤人的区别。
>
> 人细细体认，只一入孝出弟、穿衣吃饭，有多少不洽意处，莫被自家草草瞒过。
>
> 孔子说个"事公卿"，孟子说个"藐大人"，此是圣贤分量。

《论语》原典·川上章

子在川上曰："逝者如斯夫不舍昼夜。"

译文　孔子站在河边说："逝去的一切就像这流水一般日夜不停歇。"

♡　张岱　杨复所

朋友圈纵横谈（▮为原文）

张岱

这一段应该是完整的一句，"如斯"是"斯"就是指水，孔子分明就是在说道体就像水一样不停息，千年以来没有人看透。

▮ 本文只一句读下，"如斯"，"斯"字即水也，圣人分明谓道体不息若斯水也，千年来未有人窥破。

 ### 杨复所

"逝者如斯夫不舍昼夜"，是一句叹息光阴的话。很多解说者都认为孔子是在说大道或造化的机关，这反而是离孔子原意远了，认真体会，自己就会明白。

▮ 杨复所云："逝者如斯夫不舍昼夜"，是一句叹惜光阴之语。说者都说道机化机，反说远了，细细体会，当自得之。

张岱

> 孔子离开鲁国而弹奏《龟山操》,是在感叹道的停止而不运行。在水边感叹流逝,是在感叹道的运行而不止息。
>
> 桓子野每次见到好看的山水,就大喊"奈何",孔子这里,也是包含着一腔深情。
>
> "木犹如此,人何以堪!攀枝执条,眩然流涕。"曹操因壮士暮年而唱出老骥伏枥之歌,刘备因长期闲居身体发胖而伤心哭泣,都是这个意思。
>
> 📖 孔子去鲁而操《龟山》,盖叹道之止而不行也。在川而叹逝者,盖叹道之行而不止也。
>
> 桓子野见山水佳处,辄呼奈何,夫子于此,亦有一往深情。
>
> "木犹如此,人何以堪!攀枝执条,眩然流涕。"曹孟德伏枥之歌,刘荆州抚髀之泣,皆同此意。

《论语》原典·一篑章

子曰:"譬如为山,未成一篑,止,吾止也。譬如平地,虽覆一篑,进,吾往也。"

译文 孔子说:"比如堆一座山,只少了一篑土没有能够完成,停止了,这是我自己停止的啊;比如在平地上,即便是仅堆一篑土,往前进了,也是我自己往前进的啊。"

♡ 张岱

朋友圈纵横谈(▊为原文)

张岱

前进不是随意乱闯,九仞那么高的山形,已经成竹在胸,所以一切都不能阻挠,这是就刚开始堆土时的神情而言的。

譬如说堆一座山,如果先说前进,后说停止,就是像强弩之末一样没有逆转的势头了。只有先说停止,随后说前进,衰竭而又兴起,灭绝而又新生,有无限鼓舞的意思在里面。

▊进往不是浪前,九仞之形,胸中已算定成局,故一切不能阻挠,就方覆时神情言之。

譬如为山,若先说进,后说止,便是强弩之末无转势。惟先说止,随后说进,衰而复起,绝而复生,有无限鼓舞人意思在。

张岱

英雄刚开始建立大业的时期,没有半寸祖上留下的土地可以凭借;奠定霸业兴起王事,马上就

张岱讲《论语》·子罕第九

能办到；被灭亡的国家的君臣，尽情享乐、怠惰傲慢，连召集一个旅的军队、派出一个使者都做不到。一步没有走好，大势已去，这就是功亏一篑。

■ 英雄草创，不阶尺土；定霸兴王，咄嗟立办；胜国君臣，般乐怠傲，振一旅之师，发一介之使，尚且不能。一着不到，大事去矣，此是功亏一篑。

《论语》原典·不惰章

子曰："语之而不惰者，其回也与！"

译文　孔子说："跟他说了之后，他就能力行不怠的，是颜回吧！"

♡ 张岱

朋友圈纵横谈（■ 为原文）

张岱

跟他说话的时候精神清醒勃发，思维流畅活跃，旺盛的样子不能自己停止，这才是"不惰"。是描写出了精通应对的样子，不可以说是行动的时候不怠惰。

📖 语时精神醒发，流畅活动，勃勃乎不能自已处，是不惰。盖描写出妙解形状，不可说行时不惰。

张岱

骏马走斜坡的时候，自己一步也不会停留，如果等着鞭子抽打，那还是一匹劣马。

📖 骏马走坂，自不能停留一步，若待鞭影，尚是驽骀。

《论语》原典·惜乎章

子谓颜渊曰："惜乎！吾见其进也，未见其止也。"

译文　孔子谈及颜渊，说："可惜啊！我见到他的前进，却没有见到他停止的时候啊。"

♡　张岱　谢上蔡

朋友圈纵横谈（📖为原文）

张岱

李肃敏公曾经问别人这一章的含义，对方回答："是叹息颜回还在路途中，尚未到家的意思!"李肃敏公开心地说:"正和我的意见一致,现在人们都认为'止'是'止,吾止也'的'止',只知道圣贤终身从事学习,而不知道这其中有大的停止休歇的地方,这是因为不明白'止'的缘故。"

朱熹说:"颜回没有到达最终的境界。"颜回快速向前猛奔,还没有到收缰勒马的时候。

▄ 李肃敏公尝问人以此章义?对曰:"惜他尚涉程途,未得到家耳!"公欣然曰:"正合鄙见,今人皆为'止,吾止也'之'止',但知圣贤终身从事于学,而不知自有大休歇之地,则'止'字不明故也。"

朱子曰:"颜子未到那成就结果处。"颜子绝尘而奔,尚未到收缰勒马。

谢上蔡

其他学习者才有一点儿收获就停止了,颜回善于学习,所以孔子才发出只看到他前进、没见过他停止的感叹。必须在取得很高成就之后,还能够百尺竿头更进一步才可以。

▄ 谢上蔡曰:学者些有所得便住,颜子善学,故孔子有见其进,未见其止之叹。须百尺竿头,更进一步始得。

《论语》原典·秀实章

子曰："苗而不秀者有矣夫！秀而不实者有矣夫！"

译文　孔子说："长出苗却没有结成穗，是有的啊；结成穗却没有长出果实，也是有的啊。"

♡　张岱　丘毛伯

朋友圈纵横谈（▮为原文）

张岱

两个"有矣夫"，是说这种情况是出于常理之外的，感慨不应该是这样，让人去思索为什么会出现这种情况的原因。这是一直说下去的，不能将这两句话看作是并列的。

五谷不成熟，还不如莨、稗这两种野草，可惜还糟蹋了谷种。

▮ 两"有矣夫"，谓其出于常理之外，叹其不应有此，令人思其所以有此之故。一直说下，不可两平。

五谷不熟，不如莨稗，可惜坏此谷种。

丘毛伯

> 孔夫子希望人在根本的地方下功夫，人心就好像是谷种，必须培育种植灌溉之后才会渐渐生根发芽、渐渐长大结果。如果不在根本上下功夫，不开花不结果的状况也是会有的。他说得非常令人警醒。
>
> 丘毛伯曰：夫子欲人在根本上用功，人心如谷种，必培植灌溉而后渐生发、渐充满。若不在根本上用功、甚至不秀不实者，亦有之矣。说得煞甚警醒。

《论语》原典·可畏章

子曰："后生可畏，焉知来者之不如今也？四十、五十而无闻焉，斯亦不足畏也已。"

译文　孔子说："年轻人是值得敬畏的，怎么知道以后的人就不如现在的呢？直到四十、五十岁却仍旧默默无闻，这也就不足以令人敬畏了。"

♡ 张岱

朋友圈纵横谈（为原文）

张岱

"焉知来者"这一句，是赞美年少者，又是激励年少者；"无闻"这两句，是说年少者现在的状况。年纪老迈之后的伤悲，都是由于年少时候的不努力，不是一直到了四十、五十的年纪时才不努力。

"焉知来者"句，为后生贾壮，又为后生加鞭；"无闻"二句，即就后生当下说。盖老大伤悲，全由少壮不努力，不是直到四十、五十时。

张岱

@朱熹说："人三十岁以前进步，三十岁以后进步不多。"我认为进步也是不一样的。三十岁以前就想刚开始生长的草木，气势盛大，每一天都有改变，但是也有很多没用的东西，必须删除一些才可以。三十岁以后则像是开花结果，虽然变化不多，但是到这个时候才好酝酿真实的东西。

松柏的姿态，是越经历风霜越茂盛；蒲草柳树，则是快到秋天的时候就凋零了。人不用等到四十、五十的时候才能看清楚。

朱子云："人三十以前长进，三十以后进不多。"余谓长进亦自不同。三十以前如草木初生，气势勃然，一日改变一日，却也有许多不中用的，须芟削始得。以后则开花结果，虽不多，到此才好商量实际。

松柏之姿，经霜弥茂；蒲柳之质，望秋先零。不必到四十、五十方见分晓。

《论语》原典·法语章

子曰："法语之言，能无从乎？改之为贵。巽与之言，能无说乎？绎之为贵。说而不绎，从而不改，吾末如之何也已矣。"

译文　孔子说："别人告诉正直的言论，能够不听从吗？能够更改才是最可贵的啊。别人用委婉的话语来引导，能够不高兴吗？能够听出言外之意才是最可贵的啊。如果只是高兴却不寻找言外之意，只是听从却不更改，我就不知道该拿他怎么办了。"

♡　张岱　杨复所　徐子卿

朋友圈纵横谈（▦为原文）

张岱

没有"从""悦"，引发不出"改""绎"来，只是为了让他做到底。"末如之何"是激发他的语言，不是绝望的语言。

🔲 无从悦，引不出改绎来，只要他做到底。"末如之何"是激发语，不是绝望语。

杨复所

现在的人糊涂，把这句话当作"巽语之言"读过去，殊不知"与"字非常精妙。是说将告诫的话语，委婉地跟他说！一个字有变化而文章的条理变成了这样。

🔲 杨复所曰：今人混账，都作"巽语之言"读过，殊不知"与"字极妙。谓即以法语之言，巽与之言耳！一字变化而文章条理如此。

张岱

夸大的语言和恭顺的语言没有什么不同，有的是委婉地说，有的是诙谐地说，这正是应该三思的地方。如果是劝诫的语言，直截了当，只有遵从或不遵从而已。

🔲 危言与言逊不是两样，或委蛇其说，或滑稽其词，此处政当思绎。若法语之言，直捷痛快，止有从不从而已。

徐子卿

"绎"字不用讲太深了，就是"绎如也"的"绎"字。恭顺的语言，原本就不会触犯别人，既

张岱讲《论语》·子罕第九

然开心了，应该常常会有这种想法，连绵不绝，自然就妥当了。总的来说，遵从而去改正，是斩得断旧恶；开心而寻绎，是持续的时间长。

■ 徐子卿曰："绎"字不须讲深了，即绎如也之"绎"。巽言，元不曾触犯人，既欢喜了，须是常常作此想头，络绎不绝，自然停当。总之，从而改，是斩得断；悦而绎，是绎得长。

《论语》原典·志帅章

子曰："三军可夺帅也，匹夫不可夺志也。"

译文　孔子说："三军之众，可以丧失他们的元帅。而匹夫一旦立下志向，却不可丧失。"

♡　张岱

朋友圈纵横谈（■ 为原文）

张岱

不说"圣贤"而说"匹夫"。借用在小的事情上执着守信的人，来言说"志"。使三军之众丧失主帅，也不是容易的事情，如果说一件太容易的事情，反而显不出下一句的气势了。

《四书遇》导读

> 宋代的石工安民不肯在奸臣蔡京所颁的"元祐党人碑"上刻上自己的名字,就是匹夫不可夺志的例子。
>
> ■ 不曰"圣贤"而曰"匹夫"。借小信之夫,以尊言志也。三军夺帅,亦非易事,若还太说容易,反显下句不出。
>
> 安民不肯镌名党碑,便是匹夫不可夺志。

《论语》原典·缊袍章

子曰:"衣缊敝袍,与衣狐貉者立,而不耻者,其由也与?'不忮不求,何用不臧?'"子路终身诵之。子曰:"是道也,何足以臧?"

译文 孔子说:"穿着破旧麻制的袍子,和穿着狐裘貉绒的人站在一起,而不会感到耻辱的,只有由了吧!'不害人,不贪心,做什么不是好的呢?'"子路便常常朗诵此诗句。孔子说:"这样的道,又怎么能算是好呢?"

♡ 张岱　李卓吾

朋友圈纵横谈(■为原文)

张岱

> 这就是佛教中破除执着的说法。一执着,不但没有达到的境界不能进步,就算是已经得到的也变

成了不能消化的东西。老子说:"人们知道善的东西是善的,就是不善了!"也是这个意思。无穷的学问,还在语言之外。

▍此即佛家破执之说。盖一执,则非独未得者不能进,即已得者亦块磊不化之物矣。老子曰:"人知善之为善,斯不善矣!"亦即此意。学问无穷,尚在言外。

李卓吾

"何足以臧",是让他去思考,是道,为什么就是"足以臧"?不是又要说他"不臧",而是要指出他如此就自满的想法。天龙禅师问祖师"道"在什么地方?祖师回答:"在你的手指上。"天龙禅师整天直愣愣地坐着,看着自己的一根手指。祖师从他后面拿着一把锋利的刀将他的手指截掉,天龙禅师顿悟。

▍李卓吾曰:"何足以臧",叫他去想,是道也,缘何便"足以臧"?不是又说他"不臧",是要挑他如斯而已乎念头处。天龙问祖师?道在何处?祖师曰:"道在女指上。"天龙终日兀坐,看其一指。祖师从背地持利刃截去一指,天龙大悟。

《论语》原典·岁寒章

子曰:"岁寒,然后知松柏之后雕也。"

译文　孔子说:"要到岁寒,然后才知道松柏是最后凋零的啊。"

♡　张岱　杨椒山

朋友圈纵横谈(▮为原文)

杨椒山

　　松柏虽然在天冷的时候也不凋谢,然而颜色和春夏的时候还是稍有不同的。到了春夏,欣欣向荣苍翠欲滴,好像在与桃李争芬芳,看起来与天冷的时候又不一样了。不知道天冷的时候的颜色是它的本色还是春夏时候的颜色为它的本色?松柏,固然是随着时间的不同而有所不同。然而我们的节操,应该比松柏还要高尚,然后才是可以的。

　　▮杨椒山曰:松柏虽岁寒不凋,然色视春夏则少异矣。及至春夏,欣然苍翠,若与桃李争芬者,视岁寒时又异焉。不知岁寒之色为本色耶?春夏之色为本色耶?则松柏者,固随时异矣。然则吾人之操,当出乎松柏之上,然后可。

张岱讲《论语》·子罕第九

张岱

　　射干（植物名）通过依托外物而繁茂，樗栎（植物名）因为不成材而得以终老，学识渊博的人通晓事物之理，曾没有给予它们名字。然而留夷、揭车（香草名），自然不会与蒉、菔（恶草名）相并列。姜和桂的属性，都是越老越辣的。提举洞霄宫（官职名），什么时候软弱过呢？

　　岁寒后凋，是孔子在感慨俗人鉴识事物是多么滞后。如果是慧眼，一看到松柏，就知道它是后凋的。铁骨刚肠的人，看一眼就能识别出来，哪里需要等到岁寒之后才了解呢？

　　📖 射干以依托见荣，樗栎以不材终老，通人达识，曾无定名。然留夷、揭车，自不与蒉菔相匹。所谓姜桂之性，老而愈辣。提举洞霄宫，曾何绕指耶？

　　岁寒后凋，是圣人慨叹俗眼识鉴何迟。若是法眼，见松柏，就晓得是后凋。铁骨刚肠，一见即决，何待岁寒始有知己也？

《论语》原典·知者章

　　子曰："知者不惑，仁者不忧，勇者不惧。"

译文　孔子说:"智者洞明事理所以不困惑,仁者心无偏私所以不忧虑,勇者立身正直所以不畏惧。"

♡ 张岱

朋友圈纵横谈(为原文)

张岱

"惑""忧""惧"三字都是与心相关的,人们知道爱慕智、仁、勇的名称,而不知道它们都是出自心的,所以孔夫子特地指出来,其实"不惑""不忧""不惧",总之都是一个不动心。名字虽然有三个,但都是统合于一心的。

有三种人能够担当大事,大事当前时像山一样坚定、不可动摇:如果是智者,明白事情的道理,所以不困惑;如果是仁者,仰不愧于天,俯不怍于人,所以不忧虑;如果是勇者,胆识过人,所以不恐惧。孔子师徒在陈国、蔡国之间遭遇困厄,子贡不困惑,颜回不忧虑,子路不恐惧,孔子自己则是完全心无芥蒂,困窘、显达、得到、失去,都将它们看作是四季、风雨的轮回一样自然。

　"惑""忧""惧"三字皆从心,人知慕智、仁、勇之名,而不知本于心,故夫子特为拈出,其实"不惑""不忧""不惧",总之一不动

张岱讲《论语》·子罕第九

心也。名虽三分，心则合一。

三样人皆能担当大事，大事临前，屹然不动：若是智者，明晰事理，故不惑；若是仁者，毫无愧怍，故不忧若是勇者，胆气过人，故不惧。孔子陈蔡之厄，子贡不惑，颜子不忧，子路不惧，若孔子则毫不芥心，穷通得丧，视若寒暑风雨之序矣。

《论语》原典·共学章

子曰："可与共学，未可与适道；可与适道，未可与立；可与立，未可与权。"

译文 孔子说："可以一起学习，却不一定可以一起向道前进；可以一起向道前进，却不一定可以一起笃志立定；可以一起笃志立定，却不一定可以一起权衡轻重。"

♡ 张岱

朋友圈纵横谈（▰为原文）

张岱

"共学""适道""立"，都说"可与"，唯独"权"是"未可与"而已。为什么呢？回答：真正明白事物的道理，在于个人的领会，衡量转移，能够心手互换，可以互相视为莫逆之交而不是我给予他的。

自从有了权衡的说法，但凡说到权衡的，一半都是出于智谋、权术。他们不知道圣人所说的"权"，一定要在"适道"和"立"之后。这杆秤是一杆精准的秤，才可以用来衡量一切事物。

▌"共学""适道""立"，皆曰"可与"，独于"权"，只一"未可与"而已。何也？曰：神而明之，存乎其人，称量推移，心手互换，可相视莫逆而卒非我与之也。

自有从权之说，而凡言权者，半出于智谋术数。不知圣人言权，必在于"适道"与"立"之后。则此秤是一条准秤，然后可以权衡万物。

《论语》原典·唐棣章

"唐棣之华，偏其反而。岂不尔思？室是远而。"子曰："未之思也，夫何远之有？"

译文　《诗经》中说："唐棣开出的花，翩翩然翻开摇动。我哪里是不想念你呀？只是所住之地隔得太远了啊。"孔子说："这不是真的思念啊，（若是真思念）哪里会远呢？"

♡　张岱　倪鸿宝　查伊璜

朋友圈纵横谈（为原文）

倪鸿宝

> 孔子曾经说："吾常终日不食，终夜不寝，以思，无益。"如果他那个时候想要引用佐证，一定会引用这句诗的。可以知道"远"与"不远"这两种意思都没什么不对。《埤雅》说："唐棣的另外一个名字叫作栘。植物的花朵，都是先合然后开。唐棣的花，是先开然后合起来的。"所以《小雅》这首诗是用来起兴兄弟之情的。
>
> 倪鸿宝曰：吾常终日不食，终夜不寝，以思，无益。使圣人尔时欲求证佐，必引此诗。可知"远"与"不远"二义俱无不是。《埤雅》云："唐棣一名栘。凡物之华，先合而后开。唐棣之华，先开而后合。"故《小雅》之诗以之兴兄弟。

查伊璜

> 所有的诗作，都是来源于思的。说是怀念人，是理解偏差了。思念它就能得到它，是"无邪"的全部含义。以前对此章都是当作男女之情来解释的，这里偏偏要当作道德来解，这是矗立于庐山之顶的高明见解。
>
> 查伊璜曰：凡诗之作，本于思。说怀人，一

偏耳。思则得之,无邪之全义也。从来推此章作风流解,此独要归道德,踞蹴庐山之颠。

乡党第十

《论语》原典·乡党章

孔子于乡党,恂恂如也,似不能言者。其在宗庙朝廷,便便言,唯谨尔。

译文 孔子在宗族乡里,其貌信实的样子,好似不能言语;他在宗庙朝廷时,却十分善于言辞,只不过很是谨慎。

♡ 张岱

朋友圈纵横谈(▇为原文)

张岱

"唯谨",由"便便"体现出来,语意是一贯而下的,没有转折,都能见得孔子敬慎处事。在朝廷和宗庙,是闲雅地说话。如果用慷慨激昂陈述观点等语言,就不是圣人的语言了。

▇ "唯谨",就"便便"中形容,一直下,不作转语,总见圣人敬事。朝庙所在,便便言之。若下慷慨论列等语,便不是圣人之言矣。

《论语》原典·朝与章

朝,与下大夫言,侃侃如也;与上大夫言,訚訚如也。君在,踧踖如也,与与如也。"

译文　孔子在朝时,与下大夫交谈,其貌和悦,从容不迫;与上大夫交谈,其貌中正,谦和争辩。君主在时,其貌恭敬,威仪合度。

♡　张岱

朋友圈纵横谈(▮为原文)

张岱

> 对下大夫不过分亲近不倨傲,对上大夫不争斗不急躁,都是孔子用自己的行动来维持朝廷纲常的表现。
>
> ▮对下大夫不狎不傲,对上大夫不兢不絿,总是圣人以一身维持朝常处。

《论语》原典·使摈章

君召使摈,色勃如也,足躩如也。揖所与立,左右手,衣前后,襜如也。趋进,翼如也。宾退,必复命曰:"宾不顾矣。"

张岱讲《论语》·乡党第十

译文　君主召来孔子担当迎接宾客的使臣,孔子神色变得庄重恭敬,行路脚下如有戒惧一般回旋进退。对与他站立一侧同为傧相的人拱手作揖,向左边的人作揖,便用左手,向右边的人作揖,便用右手。衣服前后摆动,却仍旧整齐不乱。快步前进,像鸟儿展开双翼一般。宾客退去,必定回复君主的使命,说:"宾客不再回头了。"

♡ 张岱

朋友圈纵横谈（▰ 为原文）

张岱

　　傧礼的流程是这样的:司仪拿着傧礼的诏书,使用仪容、辞令、揖让的礼节,站立在东南方向,作揖,等待命令。门口只有一个小相,只有上相可以入内,进行赞礼。主人送宾客,宾客自己告辞,就是揖、趋这两种礼节,是傧礼的固定模式。回复命令这个环节,是孔子自创的礼节。而且按照礼节来讲,召使傧相是由司寇来下命令的,记录者独独改用一个"君"字,是领会到了孔子尊敬君主之心。

　　▰ 按傧礼:司仪掌傧诏,以仪容词令揖让之节,立东南,揖,以将命。门止一相,入唯上相,赞。主送宾,宾自告辞。则是揖趋二节,是傧之定礼。复命一节,是夫子之创礼。且按礼召傧,原命自司寇。记者独易一"君"字,会圣人尊君之心也。

《四书遇》导读

《论语》原典·公门章

入公门，鞠躬如也，如不容。立不中门，行不履阈。过位，色勃如也，足躩如也，其言似不足者。摄齐升堂，鞠躬如也，屏气似不息者。出，降一等，逞颜色，怡怡如也。没阶，趋进，翼如也。复其位，踧踖如也。

译文　孔子进入公门时，会弯曲自己的身子，好像公门容纳不下一般（以示尊敬）。不会站在门中间（君主所站之地），走路不会将脚踏在门槛上。经过君主所常立之位时，神色庄重恭敬，走路回旋进退，说话时好像不够充足一般。牵衣升堂时，弯曲身子，屏住气息好像不能呼吸一般。出来时，退下自堂，降下堂阶一级，舒展颜色，脸上展现和悦之容。走到堂阶尽头，便快步向前，向鸟儿展开翅膀一样。再经过君位时，依旧恭敬。

♡ 张岱

朋友圈纵横谈（▆ 为原文）

张岱

不说"君门"，而说"公门"，是因为当时大夫的势力高度膨胀，人们见到有尽礼数侍奉君主的人，反而觉得是谄媚。这里用一个"公"字和"私室"相区分，表明孔夫子的恭敬，不是一个人出于私心的恭敬。

> ▇ 不曰"君门",而曰"公门",当时私室高张,人见有事君尽礼者,方以为谄。此时揭一"公"字以别之,明夫子之敬,非第一人之私敬耳。

《论语》原典·执圭章

执圭,鞠躬如也,如不胜。上如揖,下如授。勃如战色,足蹜蹜如有循。享礼,有容色。私觌,愉愉如也。

译文　孔子为聘使时,执掌君主的圭,弯曲身子,好像不能自胜一般。执圭在上,像和人作揖的样子,执圭在下,像授物与人的样子。面色变得战战兢兢,双脚像迈不开步,仿佛沿着一条直线往前走。在举行赠送礼物的仪式时,显得和颜悦色。私下相见时,便呈现出轻松愉悦的神色了。

♡　张岱

朋友圈纵横谈(▇为原文)

张岱

> 现在的科举时文都注重执君之圭时的敬重,敬没有什么不对的,不然有什么必要说呢?但是请问,执君之圭所涉及的是什么事情呢?这一章的旨意都在谋求和谐上。第二节和第三节要着重思考,

这里面所表达的一种为友好做准备的情感，正是为了代替君主谋求和谐，第一节不过是叙述一个缘由罢了。

按照礼节，如果捧的是天子的器物就要双手高于胸口，如果捧的是国君的器物就要和胸口齐平，如果捧的是大夫的器物就要低于胸口，如果是士人的器物，单手提及腰带处就行了。孔夫子代替鲁国国君捧圭，应该是和胸口齐平。《赞大行》说：公卿之圭长九寸，圭的上端不超过作揖的位置，下端不低于授物的位置。近来有人将这解释为手的位置的高低，是不对的。

孔子在鲁国当官，没有听说过有专门的聘任。定公十年冬天，叔孙州仇到齐国去，孔子可能持五戒一起去了，捧着作为信物的圭也许是在那个时候？

■ 时作都重执圭之敬，敬乃无适，不然，亦何必说？但请问执圭所干何事？章旨全在修和上。二三节要重看，其一种绸缪燕好之情，正是代君修和所在，首节不过叙个由头耳。

按礼，执天子之器上衡，国君平衡，大夫绥之，士提之。夫子代鲁公执圭，则当平衡。赞大行曰：圭公九寸，圭上端不过揖，圭下端不过授，近作手有上下者，非。

孔子仕鲁，未闻专聘。定公十年冬，叔孙州仇如齐，子或以五戒往，执信圭其在此时？

《论语》原典·衣服章

君子不以绀緅饰，红紫不以为亵服。当暑，袗绤绤，必表而出之。缁衣，羔裘；素衣，麑裘；黄衣，狐裘。亵裘长，短右袂。必有寝衣，长一身有半。狐貉之厚以居。去丧，无所不佩。非帷裳，必杀之。羔裘玄冠不以吊。吉月，必朝服而朝。

译文 君子不用（近黑色的）深青透红或黑中透红的布给衣服镶边，不用红紫间色的布做平常在家穿的衣服。夏天穿粗的或细的葛布单衣，但外出时一定会加上衣。黑色的羊羔皮袍，配黑色的罩衣。白色的鹿皮袍，配白色的罩衣。黄色的狐皮袍，配黄色的罩衣。平常在家穿的皮袍做得长一些，右边的袖子短一些。睡觉一定要有睡衣，要有一身半长。用狐貉的厚毛皮做坐垫。丧服期满，脱下丧服后，便佩带上各种各样的装饰品。如果不是礼服，一定要加以剪裁。不穿着黑色的羔羊皮袍和戴着黑色的帽子去吊丧。正月初一，一定要穿着礼服去朝拜君主。

♡ 张岱　董思白　王逸季

朋友圈纵横谈（▨为原文）

董思白

前面记载孔夫子的容貌，每一处都用"如"字、"似"字，可以看出有无法用语言形容的妙处。后面记载孔夫子的衣服饮食，每一处都用"必"字、"不"字，可以看出从容地行于中道的妙处。《诗经》说

"蒙彼绉絺,是绁绊也。"那是穿在外面的,这是忠于内心的,都是有羁绊的意思。我们对自身言行的把握和女子修饰一样庄重,才可以说是君子。絺绤都是用葛织成的,精细的是絺,粗糙的是绤。

▎董思白曰:以前记夫子容貌,每着一"如"字、"似"字,见有莫可形容之妙。以后记夫子衣服饮食,每着一"必"字、"不"字,见有从容中道之妙。《诗》云:"蒙彼绉絺,是绁绊也。"彼是蒙之于外,此是衷之于内,总绁绊意。我辈持身直与女子一般矜饰,方可言君子。絺绤皆葛为之,精曰絺,粗曰绤。

王逸季

品行高洁的人佩戴香草;道德高尚的人佩戴玉石;能解开怨结的佩戴觹,能断绝缺点的人佩戴玉玦。所以孔子任何东西都可以佩戴。

▎王逸季曰:行清洁者佩芳;德光明者佩玉;能解结佩觹,能决短佩玦。故孔子无所不佩。

张岱

"缁衣""羔裘",是各属于一个类别的。如果从朝聘、祭祀来说,有诗说"缁衣之宜兮",这是在家私居和聆听政事时穿的衣服。"庶见素衣兮"，是指丧服，狐裘黄衣是统指平常穿的衣服，绝不是指定什么地方应该穿哪种颜色的衣服。

汉代的训诂说：《士冠礼》记载："皮弁礼服，应该是素色的积，缁色的带子，素色的韠。"注解："这是君主临朝听政时穿的衣服，鲁国国君自从鲁文公开始就不再进行视朔的礼仪了，孔子担心礼仪被废弃，所以在每个月的初一，都一定会穿着行视朔之礼时穿的礼服来上朝，这就是所谓的'尔爱其羊，我爱其礼'。"

"缁衣""羔裘"，是各从其类耳。若必从朝聘祭而言，则诗云"缁衣之宜兮"，又是私居听政之服；"庶见素衣兮"，又是丧服，狐裘黄衣概指常服，绝不指定何处衣何色也。

汉诂云：《士冠礼》曰："皮弁，服素积，缁带，素韠。"注曰："此与君视朝之服，鲁自文公不行视朔之礼，孔子恐其礼废，故每于月朔，必衣此视朔之服而朝于君，所谓我爱其礼也。"

《论语》原典·明衣章

齐，必有明衣，布。齐，必变食，居必迁坐。

译文　斋戒沐浴的时候，一定要有浴衣，是用布做的。斋戒的时候一定要改变平常的饮食，居住也一定要搬移地方。

♡ 张岱　杨见宇

朋友圈纵横谈（▮为原文）

杨见宇

明衣，是白天穿的衣服，白天穿着就好像是在面对天神。寝衣，是夜晚穿的衣服，睡梦中可以与鬼神相沟通。

▮ 杨见宇曰：明衣，日之所服者，白昼如对玄冥也。寝衣，夜之所服者，梦寐可通鬼神也。

《论语》原典·饮食章

食不厌精，脍不厌细。食饐而餲，鱼馁而肉败，不食。色恶，不食。臭恶，不食。失饪，不食。不时，不食。割不正，不食。不得其酱，不食。肉虽多，不使胜食气。惟酒无量，不及乱。沽酒市脯，不食。不撤姜食，不多食。祭于公，不宿肉。祭肉，不出三日。出三日，不食之矣。食不语，寝不言。虽蔬食菜羹，瓜祭，必齐如也。

译文　食物不以做得精致为满足，肉类也不以切得细巧为满足。食物放久变了味道，鱼与肉腐烂了都不吃。颜色难看的不吃。味道难闻的不吃。烹调不当的不吃。季节不当的菜不吃。切割不合礼制的肉不吃。没有相配的调味料做的菜不吃。即使吃的肉较多，也不超过所吃的饭量。只有喝酒不规定分量，但是从不喝醉。买来的酒与肉干不吃。每餐必须有姜，但也不多吃。参加国君祭典时分到的肉，不留到第二天。祭祀用的肉不超过三天，如果超过就不吃了。吃饭时不说话，睡觉时也不说话。即使是粗米饭蔬菜汤,吃之前也要拿一部分祭祖,而且要像斋戒一样庄敬严肃。

♡ 张岱 苏子由

朋友圈纵横谈(为原文)

张岱

> 这段记述确实和《素问》《神仙》《服食》这些道家典籍互相补充成为一体。谁说儒家的典籍,不够尊崇养生呢!
>
> 郑介庵问陆文量:"鱼馁肉败,为什么不直接说鱼烂肉腐?"陆文量回答:"鱼腐烂是从内部开始的,就好像是肚子饿了一样;肉的腐烂则是从外部开始的,就好像是军队的溃败。"
>
> 　此书实与《素问》《神仙》《服食》诸籍相为表里。孰谓圣人之书,不足以尊生也哉!
>
> 郑介庵问陆文量:"鱼馁肉败,何以不直曰鱼烂肉腐?"文量曰:"鱼之烂自内出,如腹之馁;肉之腐自外入,如军之败。"

张岱

> 　　割就是宰割的割，大夫没有缘故是不杀牛的，士人没有缘故是不杀狗、猪的，不应该宰杀而宰杀，就是不正。如果认为是切肉切的形状不方正，就粗陋了。《礼记》说："瓜的上部用于祭祀，中部自己吃，下部手拿的地方扔掉。"吃瓜也有祭祀，将"瓜"字解释为"必"字是不对的。
>
> 　　说"祭肉，不出三日"，就是不吃过夜的肉。一般祭祀都是提前一天宰杀祭品，祭祀又是一天，如果再隔一夜，就是超过三天了，所以再次申明"祭肉，不出三日，出三日，不食之矣"。以前的注解是不对的。
>
> 　　▉ 割乃宰割之割，大夫无故不杀牛，士无故不杀犬豕，非所割而割之，即不正也。如以为切肉不方正，陋矣。《礼》云："瓜祭上环，食中，弃所操。"食瓜亦有祭，训"必"字者非。
>
> 　　论祭肉不出三日，即不宿肉也。盖凡祭，先一日宰杀，祭又是一日矣，若再宿肉，是出三日矣。故复申之曰"祭肉，不出三日，出三日，不食之矣。"注解非是。

苏子由

> 　　一顿饭之间的仁德，我在祭祀之食中见到了。
>
> 　　▉ 苏子由曰：终食之仁，吾于祭食见之矣。

《论语》原典·正席章

席不正,不坐。

译文　席子摆的方向不正,孔子不坐。

♡　张岱　叶少蕴

朋友圈纵横谈（▬为原文）

叶少蕴

　　天子的坐席是五层,诸侯的席子是三层,大夫的席子是两层,这是以数量为礼制标准。如果席子是朝南或朝北,则以西方为尊;朝东或朝西,则以南方为尊,这是以方向为礼制标准。有疾病的人侧着席子坐,家中有丧事的人用单席坐,这是以事情为礼制标准。

　　▬叶少蕴曰:天子之席五重,诸侯三重,大夫再重,此以数为正者也。席南乡北乡,以西方为上,东乡西乡,以南方为上,此以方为正者也。有恍则侧席而坐,有丧者专席而坐,此以事为正者也。

《论语》原典·乡人章

乡人饮酒,杖者出,斯出矣。乡人傩,朝服而立于阼阶。

译文　孔子与同乡一起聚餐饮酒的时候,要等到年长的人都离席了,他才走出去。乡里的人举行驱逐疫鬼的仪式时,他穿着正式朝服,站在家庙东边的台阶上。

♡ 张岱

朋友圈纵横谈（▋为原文）

张岱

> 孔子说:"我在乡中观察而知道王道的简易。"居住在乡里,正是孔子非常谨慎的地方。尊重年事高的人,注重王道制度,无非都是描述他的小心:恭敬而谨慎。
>
> 此章只是说乡人在一起喝酒,可是最近的科举文章,都把这当做是乡饮酒礼,把孔子居住乡里时的恭顺谨慎全部给抹煞了。
>
> ▋孔子曰:"吾观于乡而知王道之易易也。"居乡,正圣人极致谨处。尊高年,重王制,无非状其恂恂:虔恪也。
>
> 此章只是乡人饮酒,近日时文,俱讲做乡饮酒礼矣,将圣人一段居乡恭谨之意,尽行抹煞。

《论语》原典·问人章

问人于他邦,再拜而送之。康子馈药,拜而受之,曰:"丘未达,不敢尝。"

译文　孔子托人向在其他诸侯国的朋友问候送礼,便向受托者拜两次送行。季康子派人送药来,孔子作揖接受,并告诉使者:"我不清楚这种药的药性,暂时不尝了。"

♡ 张岱

朋友圈纵横谈(▇ 为原文)

张岱

> 一个医生,如果他家从医不超过三代,不服用他的药品。孔子谨慎对待疾病,见到就说出来了,是出于无心,不是提出疑问,也不是故意做作以获得耿直的名声。
>
> ▇ 医不三世,不服其药。圣人慎疾,见到就说,总出无心,不是致疑,亦非沽直。

《论语》原典·厩焚章

厩焚。子退朝,曰:"伤人乎?"不问马。

译文　家里马棚失火烧了。孔子退朝回来,问:"有人受伤吗?"没有问马。

♡ 张岱

朋友圈纵横谈(▮为原文)

张岱

要在仓猝来不及衡量的时候看出人心,如果说是出于人金贵而牲畜低贱的考虑,和痴人说梦没什么区别。

《金罍子》说马厩起火,是孔子自己家的马厩。《杂记》说:"马厩起火,孔子拜见乡人,拜见为了救火而来的人,士人拜一下,大夫拜两下,也是相互慰问的方法。"应该知道这个情况。如果当时起火的是鲁国的马厩,就是为君主驾车的马、国家饲养的马,当然也需要过问。

▮要在仓卒不及计较之时看,若斟酌于贵人贱畜,何异说梦。

《金罍子》言厩焚,乃孔子之家厩也。《杂记》云:"厩焚,孔子拜乡人,为火来者拜之,士一,大夫再,亦相吊之道也。"以斯知之。盖使当时若焚鲁厩,则路马国马,亦自须问。

《论语》原典·君赐章

君赐食,必正席先尝之。君赐腥,必熟而荐之。君赐生,必畜之。侍食于君,君祭,先饭。疾,君视之,东首,加朝服,拖绅。君命召,不俟驾行矣。

译文 国君赐给熟食,孔子一定摆正坐席先尝一尝。国君赐给生肉,一定煮熟了,先给祖宗上供。国君赐给活物,一定要饲养起来。同国君一道吃饭,在国君举行饭前祭祀的时候,自己先吃饭(尝一尝,以尽礼仪式)。孔子生病的时候,君主来探视,头朝着东边躺着,身上加披朝服,拖着一条宽大的衣带。君主传命来召见,不等仆人驾车,自己先步行出发。

♡ 张岱

朋友圈纵横谈(▇为原文)

张岱

　　按照礼,臣子接君主,应该站在东阶。生病了不能出去迎接而头朝东边躺着,也是站在东阶的意思。如果像朱熹注解的那样说头朝东是为了"接受生者的精气",那为什么非要君主来探视的时候才这么做呢?

　　▇礼,臣接君,必于阼阶。病不能而东首,亦阼阶之意。若曰"受生气",岂独君视之为然?

《论语》原典·朋友章

朋友死，无所归，曰："于我殡。"朋友之馈，虽车马，非祭肉，不拜。

译文　遇到朋友过世，而没人料理后事，孔子就说："我来负责丧葬。"朋友馈赠物品，除了祭肉，即便是车马这样的贵重物品，孔子也都受赠而不拜谢。

♡　张岱

朋友圈纵横谈（▨ 为原文）

张岱

自己给予朋友，没有什么是不舍得的，朋友给予我，不开口感谢，这才是合于道的交往。然而不是说"朋友死，于我殡"，中间还有"无所归"三个字，不说"朋友之馈，虽车马不拜"，中间还有"非祭肉"三个字。这正是孔子做事非常有分寸的地方，不仅仅是侠烈义气式的交往。乘坐四匹马拉的高盖车，多么显赫，还不值得换来一个拜谢。《绝交论》让人觉得太客套，《乘车戴笠歌》则太婆婆妈妈了。

▨ 己施于友，而无所吝，友施于我，而不鸣感，方是道交。然不曰"朋友死，于我殡"，中间着"无所归"三字，不曰"朋友之馈，虽车马不拜"，中间着"非祭肉"三字。此正圣人大有分寸处，不徒为侠烈之交而已。高轩驷马，何等赫奕，只消不得一拜。《绝交论》，觉客气；《乘车戴笠歌》，觉婆子气。

张岱

"到了生死之际或者贵贱身份变化的时候，才能看出两个人的交情。"处理后事是不分生死，收到车马而不拜谢是不分贵贱。现在这样的人已经没有了啊！

📖 "一死一生，乃见交情；一贵一贱，交情乃见。"于我殡，无死生也。车马不拜，无贵贱也。今亡已夫！

《论语》原典·寝居章

寝不尸，居不容。见齐衰者，虽狎，必变。见冕者与瞽者，虽亵，必以貌。凶服者式之，式负版者。有盛馔，必变色而作。迅雷风烈，必变。

译文　睡觉的姿势不要拘谨僵卧，平居不像做客那样跪坐着。孔子看见身穿孝服的人，即便是平日熟识的，也一定改变容色表示哀悼。看见戴礼帽的人和盲人，即便是私下碰面，也一定改变容貌表示不安。坐在车上时，看见穿丧服的，即使是贩夫走卒，他也身向前倾，手扶横木以示心意。做客时，有特别丰盛的菜肴，一定端正神色，站起来向主人致意。遇到急雷狂风,一定会改变容色。

♡ 张岱

朋友圈纵横谈(▨为原文)

张岱

> 舜,在烈风雷雨中也不会迷失,因为自己就是激流中间的船舵;孔子,在雷雨烈风中一定会改变容色,因为他牢牢地掌着舵。所以舜就是小心谨慎的,而孔子是乐在其中的。自古以来圣人谨慎就是自在,自在就是谨慎。领会了这个意思,就可以君临天下而不将天下当作自己的私有财产,被打磨浸染而不被改变。
>
> ▨ 大舜,烈风雷雨弗迷,中流一柁;仲尼,迅雷风烈必变,把得柁牢。故大舜兢兢业业,仲尼乐在其中。古来圣人战兢即自在,自在即战兢。会得此意,便可有天下而不与,入磨涅而不化。

《论语》原典·升车章

升车,必正立,执绥。车中,不内顾,不疾言,不亲指。

译文 上车时,一定先直立站好,两手拉着扶手带上去。在车上,不回头看,不高声说话,不举起手指指点点。

♡ 张岱

朋友圈纵横谈(▨为原文)

张岱

《礼记·曲礼》说"在车上不大声咳嗽,不随意乱指,站着看五个车轮的周长那么远,凭轼而坐则看着马尾,回头看不超过车毂。"记载这两种情况,可以看出孔夫子无论在何时何地都遵从礼。

▨《曲礼》曰"车上不广欬,不妄指,立视五巂,式视马尾,顾不过毂"。记此二者,见夫子无地不以礼自持处。

《论语》原典·雌雉章

色斯举矣,翔而后集。曰:"山梁雌雉,时哉时哉!"子路共之,三嗅而作。

译文 孔子的神色举动稍有变化,山鸡就飞起来,在空中盘旋之后再聚集在一起。孔子说:"山梁上的这些母山鸡呀,懂得时宜!懂得时宜!"子路向它们拱拱手,它们振几下翅膀又飞走了。

♡ 张岱

朋友圈纵横谈（▨ 为原文）

张岱

造化是一个整体，圣人和万物同藏其中，所以圣人看到龙可以作《河图》，看到龟可以作《洛书》，即便是看到兔也可以作《易》。领悟了这个道理，山梁上的山鸡就和洛河边的龙马是一样的。

孔子写的《春秋》最后一句话是"西狩获麟"，感叹山鸡和感慨麒麟意思是一样的。

▨ 造化全体，圣人与万物同藏，故见龙可作《图》，见龟可作《书》，即见兔亦可作《易》。悟得此意，山梁雌雉便与河滨龙马一般。

春秋终于获麟，叹雉与感麟同意。

张岱

孔子将要从卫国进入晋国，走到黄河边，听说赵简子杀了窦犨鸣犊和舜华，就对着黄河感慨说："壮美的黄河水啊，多么盛大！我不渡过黄河，是命啊！"子贡快步上前说："请问什么意思呢？"孔子回答："窦犨鸣犊和舜华，都是晋国贤能的大夫。赵简子没有得志的时候，依靠这两个人才得以从政。等到他得志之后，就把他们两个杀了。我听说：杀胎儿或婴孩，那么麒麟就不去他的城郊；抽干水塘捉鱼，那么蛟龙就不住在他水潭里；弄翻鸟巢打破鸟卵，那么凤凰就不在他的城邑飞翔。鸟兽看到不义之人，尚且知道避开，何况人呢！"孔子于是就掉头回去，在邹国停留，作了《槃操》这首琴曲来表示哀悼。这是孔子翔而后集——在空中盘旋飞翔之后才落下的实际记载。

　　孔子自卫将入晋，至河，闻赵简子杀窦犨鸣犊及舜华，乃临河而叹曰："美哉水，洋洋乎！丘之不济此，命也夫！"子贡趋而进曰："敢问，何谓也？"子曰："窦犨鸣犊、舜华，晋之贤大夫也。赵简子未得志之时，须此二人而后从政。及其已得志也，而杀之。丘闻之：刳胎杀夭，则麒麟不至其郊；竭泽而渔，则蛟龙不处其渊；覆巢破卵，则凤凰不翔其邑。鸟兽之于不义，尚知避之，况于人乎！"遂还，息于邹，作槃琴以哀之。此是夫子翔而后集实录。